はじめに

私はこれまで、パーソナルスタイリストとして15年間、2万人ものお客様のスタイリングを担当してきました。

「着る服がない」「こういうときに何を着たらいいかわからない」「今までの服がまったく似合わなくなった」など、お客様の悩みはさまざまですが、実はみなさん服だけに悩んでいるわけではない。

仕事、恋愛、家庭、これからの未来のことに不安を抱き、「服」にひっかかりを感じ、なんとか現状を打破しようとして、私のところにいらっしゃいます。

服のカウンセリングに来ていても、途中から人生相談、涙ながらに深い悩みを打ち明けられる方も少なくはありません。

仕事でなかなかやりがいを感じられずにいたところ、おしゃれな後輩のほうが人気者になってしまったと嘆く人。夫婦仲が冷めていてもう一度夫に愛されたい、「きれい」といわれたいと泣く人。結婚したいのに結婚したいといえず、将来の希望が持てなくて行き詰っている人。一見非の打ちどころがなさそうな服装をしているのに、プライベートが寂しいと涙する人。過去に誰かにいわれたひと言を引きずってしまい、自分らしく纏うことができなくなってしまった人……、本当にいろんな人に会ってきました。

でも、みなさんカウンセリングを受け涙したことで、自分ときちんと向き合うことができ、今では本当のしあわせをつかんで、いきいきとした日々を過ごされています。

「政近さんに会うまで、ファッションってミーハーなものだと思ってました」
「服ってコミュニケーションツールにもなるんですね。仕事がとてもしやすくなって、出世しました」

「おしゃれは自分を飾るものだけじゃなかった。相手を思いやる服装をしはじめたら、結婚できました」

「今まで、何をしても生きづらいと思っていました。けど、服を変えて、見える景色が変わりました。人生、もっと楽しみます」

「服を変えただけなのに、人生がすべて好転しました。結局、ナーバスな服を選んでいたのは自分自身。服が変わって前向きになれました」

などというられしい声をいただいています。

このように、迷っている人、悩んでいる人に、服から人生を切り拓く手助けをすること、それがパーソナルスタイリストとしての私の生きがいです。


2万人ものお客様と接してきてわかったことがあります。服には、どう生きていきたいのか、「その人自身」があらわれていることです。

迷いがあれば迷いが見え、なんとなく生きていればなんとなくの服しか着られない。自己中心的なものごとの考えしかできない人は服も自分の「好き」で固める。見栄っ張りな人は服もただ表面を取り繕っているだけで、話すとメッキははがれてしまう。

最近では、その人の服を見ればその人の暮らし、仕事ぶり、考え方、育ち、人生観などがわかるようになりました。たまに「占い師ですか!?」「ヘタな占いより鋭くあたりますね!」なんて驚かれるくらいです（笑）。

それらの実例からのアドバイスをまとめたのがこの本です。


この本は、服の本なのに、具体的な写真もイラストもありません。コーディネート例もありません。

でも、リアルなのです。

なぜなら、実際に泣きながらカウンセリングをしたお客様が、変わって笑顔になっていく姿を思い出しながら書いたから。

服に対する先入観や軽い意識を変えて、ファッションのフィロソフィーを知り、たくさんのリアルを感じてください。そこには必ずあなたらしく素敵になるヒントが隠されています。

たくさんの人たちが服から人生を変えてきたように、あなたも、何を着るかで
輝く人生はつかめるでしょう。
あなたが思い描いている未来は、服から手に入るのです。

服は、あなた。目次

装丁
木庭貴信＋岩元 萌
（オクターヴ）

編集協力
西畑敦子
（ファッションレスキュー）

校正
菅野ひろみ

編集
庄司美穂
（マイナビ出版）

Chapter 1

服が語るあなたの価値観

服選びのスタイルは人生のスタイルそのもの

人生の大きな選択に比べたら、服選びなんて些細なことのように感じるかもしれません。でも、毎日のことですから、実は人生に大きく影響しています。

毎朝の服選びに迷う人は全体にあきらめムードや倦怠感が出ているものだし、とにかく若く見られたいという目線で服選びをしている人は必死なオーラを纏っていてどこか不自然です。

人は見た目で判断されています。でも、ここでいう見た目とは、顔立ちが美しいとか、プロポーションがいいとかそういったことではありません。

「一事が万事」という言葉があります。これは、ひとつのちいさな傾向がすべてのことにあらわれる、という意味。この「一事」が服だと考えてみましょう。私ははじめてのお客様に服とは関係ない、たとえば生活習慣や恋愛傾向などを指摘することも多々あります。みなさん「あたってる‼」と驚かれるのですが、見た目にはそれがにじみ出ているのです。

「お金がないから」「太っているから」「おしゃれしても着て行くところがないから」と、服選びに妥協している人は、毎日が言い訳三昧でしょう。これこそ、一事が万事。服選びに〝すら〟妥協しているようでは、人生の前進は困難です。

人生は服で変わる。これは本当です。

そういうと、「今ある服を全部捨てて、新しく買い直すのですか」といわれますが、そうではありません。私が選んだまっさらな服を身に纏い、開眼するように服の威力を感じたと、嬉々としておっしゃるお客様はたくさんいらっしゃいます。しかし、そうでなくても服の力を感じることができる。それは、今ある服をまず大切に扱い、毎日ちゃんと考えて〝選び、使い切る〟こと。以降の項目を参考に考えてみてください。

「服なんて」「服くらい」と思っている人はその思考がもたらす服で人生を損しているかもしれない

ファストフードが日常になるとファストファッションが似合うようになる

食は生きることに直結しているため、食の価値観は、衣の価値観にもつながっています。さらに食事はからだを作るもの。そのからだに纏うファッションに影響を及ぼさないはずがありません。コンビニ弁当やファストフードを食べ続ければからだによくないと、わかっていつつも、その手軽さに惹かれて習慣になっている人には、お手軽な服が似合います。縫製や素材は粗末であっても、食と同様に見ないフリ。皮肉にも食衣のバランスはとれているのです。

また、食べることはメンタルにも直結しています。ストレスが溜まれば過食気味になったり、食の改善で心の病も改善に向かったりすることがある。同じように服選びにもメンタルは直結しています。面倒臭がり、〝選び切る〟ことをしていない服には「どうでもいいや感」が漂います。

ファストファッション自体が悪いのではないのです。なかには値段に驚くほど秀逸なものがあるのも事実。流行のデザインを潔く、「今季だけ」とわきまえ、気分優先で買うことがあってもいいでしょう。でもそれがすべてではいけません。問題は、ただラクさ・安さ・手軽さだけを重視し、結果的に自分を粗末に扱ってしまっていることにあります。

気軽なものこそ「選ぶ目」を持ちましょう。手抜きだけの日々になっていないか、自分自身と向き合うことも必要。「これでいいっか」よりも「これがいい」と選んだものを口にし、身に纏ったほうが人生の質は絶対に高いのです。

ファストフード系でも、自然野菜や作り手を大切にし、余分な保存料などを使用しないなど、工夫を凝らしているところもあります。私もそういったお店に時折立ち寄りますが、不思議と社員教育やトイレ掃除が行き届いていたりするもの。そういったお店をまず〝選ぶ〟というセンサーが大切です。

**「食」はその人の内側を作る。「衣」はその人の外側を作る。
少しずつでも両方の質の向上を心がけて**

冷蔵庫のなかには、「着る服がない！」から脱却するヒントが隠されている

私はサービスの一環として、お客様のご自宅にお伺いしてワードローブチェックも行います。冷蔵庫のなかを抜き打ちチェックすることもあります。それは女性の場合、ワードローブと冷蔵庫は深くリンクしているから。冷蔵庫を見れば、服の買い方や、服の手入れの仕方までわかり、ごまかせません。

冷蔵庫の中身を把握し、足りないものだけを補充、余りものも上手に生かして調理できる人は、ワードローブの構成もしっかりしています。旬の食材をさらりと調理し、定番のラインナップも充実しています。ファッションにおいても吟味されているので、服の量に限らず「着る服がない！」と嘆くことはありません。

冷蔵庫に季節の野菜を使った自家製ピクルスなどが入っていたりと、ていねいな暮らしぶりが垣間見える人は、だしの味や、素材そのものの味を生かして料理

できる人。服装も洗練されています。化学調味料で味をごまかすようにわかりやすいブランドだけに頼ることがなく、自分が持って生まれた「素材」を生かし切ります。ヘアスタイルもショートやストレートで潔く、ネイルもシンプルなど、必要以上にいじり倒さないナチュラルな美しさを持つ人で、もちろん、ワードローブも整然としています。

問題なのは、冷蔵庫の中身を把握できていない人。「着る服がない！」問題をいつも抱えています。

気づいたときには冷蔵庫の野菜が腐っているのが日常、また、わさびやしょうがのチューブが何本もあるのは要注意。スーパーに行くと思いつきでついつい買い込んでしまうタイプです。ワードローブも活用できない服で溢れかえっているでしょう。怠慢さゆえ、冷蔵庫と同様にワードローブの中身も把握できず、「流行っているから」と持っている服とは合わないアイテムを選んで買ってしまったり、「好きだから」という理由で似たようなものばかりが増えてしまっているのです。

持っている服の扱いもテキトーで、一着一着に対して愛情はありません。思いつきで服を買うため、毎朝の服選びもいい加減。たくさん持っている割には、いつも代わり映えしないものをドタバタと着ることになります。いざというときはさらに大変！　手入れの行き届いていないくたびれた不衛生な服ばかりなことに慌てて、その場限りの服を新調し、無駄な服が増え続けていくのです。そのものぐさな習慣を直さない限り「着る服がない！」からは抜け出せません。

脱却するには、まずは行動あるのみ。

ちいさな心がけでいいのです。怠慢であることを認め、家に帰ったらいつまでも外出着のままで作業をせず、早く脱いであるべき場所へ戻してあげましょう。ベッドの上に脱いだ服を散乱させないこと。上着にささっとブラシをかけ、ハンガーに吊るすという作業は数分でできることです。

そういった行動の継続は、生活に気持ちよさをもたらすので、自然とワードローブが整っていくものですよ。

「着る服がない！」のは、センスがないからではない。まず自分の怠慢さを認めること

料理のアレンジテクニックは服の着まわしテクニックに通ずる

前提としてお伝えしたいのですが、「着まわし」は「使いまわし」ではありません。本当の着まわしとは、一着のジャケットでも、小物や合わせるアイテムで重要な会議に出席したり、さらりとワンピースに羽織ってちょっとしたレストランに行ったりでき、それぞれのコーディネートを質高く着こなすことです。同じようなシーンで合わせるアイテムだけを替えて「使いまわすこと」とは違います。

ファッションのアレンジ力も高い、つまり、着まわしが得意な人は、料理でもひとつの食材をさまざまな料理にアレンジできる人です。残りものもひと工夫で新たな料理に生まれ変わらせることができ、経済的。美しい器に盛って見た目の違いを表現すれば、一緒に食べる人も飽きずにしあわせになりますね。

反対にいつもバラバラと違う服ばかり着ている印象の人は、「お金がかかりそう」「スタイルがなさそう」に見えてしまいます。ともすると浅い人間に見られてしまい、支持率も低いのです。

着まわしの練習として、ワンピースからチャレンジすることをおすすめします。まずは、どんなシーンでもベースをしっかり固められる一着をチョイス。カラーは黒や紺のダークカラー。ブラウンや深いグリーンもいいですね。サイズはジャストですっきりと。柄は避けて、ちょっとしたディテールに、「粋」に見えるようなさりげない主張があってもいい。目立つよりも、自分の体型や顔立ち、キャラクターに似合うものを探しましょう（P114〜も参考に）。

ノースリーブを選べば、ジャケットやカーディガンを合わせてさまざまな顔を作れます。ここぞというときには颯爽と腕を出し、大振りなネックレスをつければ、パーティにも行けるのです。シーンによって合わせるアイテムでドレスアップしたり、カジュアルダウンしていく。その練習が、着まわし上手への近道です。

着まわし上手は、楽しませ上手。1枚のワンピースを活用し切れれば、ワードローブもすっきりする

服よりもインテリアや住まいにお金をかける人のほうが、センスは上

私は「衣」だけの人ほどかっこ悪い人はいないと思っています。「衣・食・住」が整ってはじめてその人が輝くということを、経験を通して知っています。

最近、独立起業家が増えましたが、服装も立派、ホームページに掲載されている住所も立派……しかし、まともな事務所もない人が多いことに驚きます。表面的なことばかり取り繕っていて「住」がしっかりとしていないケースは、最終的に違和感が残り、信用に値しません。外見をどれほど着飾っていてもライフスタイル全体のバランスが悪いとがっかりしてしまうのです。

信頼できる人は、服よりも住まいや家具にお金をかける人が多いです。同じお金があるなら、高価なブランド服を買うよりも、資金を貯めて、今よりも快適な家に引っ越すことを選んでいます。

人は「ホーム」というしっかりとした土台があって安定するもの。「ホーム」あってこその信頼でしょう。

ホームとは、寝て起きて食事をする「生活する場所」と、尊敬と安心でつながった「人」で作られます。それを重視している人には安定した空気感があり、服だけでごまかさないスタイルを感じます。うさん臭さを感じる人にはホームがない。薄っぺらいライフスタイルと、表面的な人間関係しかないのです。

これは、独立起業家だけにいえることではありません。まず、服がたんまりの生活は捨ててください。そして、自分の基盤となる「ホーム」を、心地よく、大切にすることです。しばらく服を買うのを我慢して住まいと人間関係を整えていけば、おのずと自分に合う服がついてくるものなのです。

引越しは無理でも、ていねいに創られたイスやテーブルひとつでも手に入れてみてはいかがでしょうか。

「衣・食・住」ではなく「住・食・衣」。安心できる「ホーム」のもとで服は本領を発揮する

長女は服装でも自由になれない

親との関係、きょうだい関係、育ってきた環境、これまでの経験は、個人を確立する大きな要因となり、それらは外見や服装にもあらわれます。

きょうだいのなかでいちばん上、長女は母親の影響を強く受けています。「母親の呪縛」という言葉もあるように、親が過保護であってもなくても、どこか自由にはなれないようです。恋愛でもなんとなく母親が〝許してくれそう〟〝喜びそう〟という人を選んだり、仕事も母親がなってほしい職業を選んだり……。子どもに対する依存度と期待値が高い母親を持つ人ほど、その傾向が強く出ます。

服装もそのひとつ。はじめての子どもにはお金もかけますから、長女は母親好みのものを着せられて育ちます。「こういう洋服を着せたかった！」という母親の夢をそのまま纏うので、よくも悪くも母親の好みに影響されやすい。

第一印象で、まじめそう、保守的、しっかりしている、きちんと感があるというイメージを持たれる女性はだいたい長女。また、そんなファッションが似合うのです。公務員や銀行員、学校の先生など〝お堅い〟といわれる職業に就いている人が多いのも特徴。抜け目がない性格なので、抜け感のあるファッションがどうも苦手で落ち着きません。生真面目さが服装にあらわれてしまっているのです。

行動や思考を母親にチェックされ、過度な期待をかけられやすいため、溜まっていたストレスが爆発してしまうことも。奇抜で個性的なファッションで反抗心をあらわしたい気持ちもありますが、挑戦できません。弟や妹からだけではなく親からも「お姉ちゃん」と呼ばれることで余計に自分の個性より「姉」という人格を纏うので、母親の呪縛からなかなか逃れられない人生を送ります。

長女は、母親からの解放こそ、自分らしい装いを見つけるカギ。そろそろ自分の人生を歩んでもいいと思いますよ。

長女はファッションにおいても人生においても「解放」がキーとなる

末っ子は装い上手の生き方上手。服装も我が道をゆく

きょうだいのなかでいちばん下の末っ子は上のきょうだいの悪い面、よい面を見て育っているため、世渡り上手です。上のきょうだいが親に怒られているところを見て「人のふり見て、我がふりなおせ」で何でもうまくこなしている、または期待の大きい兄姉の陰で自由な自分を見つけやすいようです。

母親もはじめての子ではないので、あまり神経質にならず子育てできるため、その影響でおおらかに育つことが多いようです。親の子どもに対する執着が、いい意味で抜けているぶん、人間的にも臨機応変に育つのです。「～しなさい！」「～すべき」というルールも少なめです。

服装もお下がりなどを着て育ち、本人的には「お姉ちゃんばかり新しい服着ているのに！」とうらやむ気持ちがありながら、ある意味あきらめているところも。

だから、自分なりにアレンジして、上とは違うようにしようとしたり、まったく違った趣味に走ったりします。結果、自由度の高い服装ができ、おしゃれな人が多いのも特徴です。恋愛はラフに考えやすいので、本命にたどり着くには少し苦労するようです。

独立起業的な仕事に就く人には、次女や三女が多く、ファッション業界もそういえます。発想や行動も自由で、親の期待に従うというより、自分の道を考える機会に恵まれているのでしょうね。

ただ、末っ子は甘えん坊がゆえにときにマナーを飛ばしすぎる傾向があります。普段はよくてもTPOをわきまえる必要がある装いは少し苦手です。その場にふさわしいという常識や、ファッションの基本から逃げがちで、変に目立ち、個性も強め。しかし、ここの常識や基本をあえておさえることができれば、末っ子は装いにおいて怖いものなしでしょう。

末っ子に唯一足りないのは「常識」と「基本」

真ん中っ子は自由度も高いが服装に主張はない

3人きょうだい以上の真ん中の子は、上と下のきょうだいにはさまれて育っているため、いちばん家族を客観視できる人です。いちばん上のきょうだいは末っ子の面倒を見る役割があるため、真ん中っ子はきょうだい間でも少し複雑な立ち位置です。親やきょうだいといった、まわりの様子を観察して、自分の立ち位置を考えるようになり、コミュニケーション能力に長けます。

でしゃばるわけでもなく、上や下のきょうだいに嫉妬心を持つわけでもありません。幼いころはないがしろにされたように感じていても、大人になったときには親との距離感もちょうどよく、きょうだいでいちばん親と仲がいいという人も多いようです。

見た目よりも自立心が強めなのも特徴。末っ子以上に臨機応変に行動でき、柔軟性はありますから、きょうだいの誰よりも空気が読めます。社会にもまれることもあまり苦に思わないという長所も併せ持っています。これは、子ども社会のうちから、処世術を鍛えられているからに違いありません。

恋愛においても、要領よくこなしていきます。しかし、本命にたどり着くのは案外遅い傾向。空気を読めても、本当の自分を出すというところで、自分よりも相手を優先にするからかもしれません。

服装においては、あまり主張や個性を持つことを望みません。大人になると、なるべくシンプルなものを好むようになり、ますます服装の主張はなくなっていきます。いい意味でこだわりがないのです。

年上にも年下にも慕われる高い社会適応力を生かし、服装でも自分らしさをアピールできるようになれば、存在感も出てくるはず。社会での影響力も高まるでしょう。

真ん中っ子に必要なのは、あと一歩の自己主張

ひとりっ子はシンプル高級志向。服装は少し古めかしい

ひとりっ子は、生まれてから成人するころまである程度お金をかけられて育てられるので、与えられることが普通というクセが多少なりともあります。親と自分のみで過ごす時間が長いため、ちいさいころから思考が大人寄りで、特に母親の影響をダイレクトに受けているようです。しかし、きょうだいのいる長女とは違い「私がしっかりしないと！」という意識が少ない。両親の愛情をひとりじめにできますから、心は安定している場合が多いのです。

ひとりっ子＝ワガママと誤解されがちですが、実際は、ワガママをあまりいいません。いつも自分が家庭の中心となるので、競争心が少ないのです。ただ、常に自分が主役で育ってきたため、そうではない社会に出たときに、戸惑いがあるようです。

大人になり心から相談をできる相手がいないひとりっ子は、自分で決断することも増え、親を負担に思うこともあるようです。しかし、良縁に恵まれやすいのがひとりっ子。ひとりの時間の使い方が上手なうえ、自分をほどよく持っているので、結婚の時期も早いのです。母親が子離れできないケースでも、案外母を心のなかで見切るということができたりもします（長女はできにくいよう）。

ファッションでは色や柄はあまり好まずシンプル思考。ブランドもののバッグや財布を持つのも早いでしょう。きょうだいがいる友人と少し金銭感覚がずれていることも。大人社会で育つため、少し古めかしいセンスになりがちです。

ひとりっ子で親や人間関係に悩みを持っている人は、まず服装から冒険してみるのがよいでしょう。上品、上質、セオリーはすでに身につけている人が多いので、ここからは羽を伸ばして楽しめばよいのです。自由に多くの価値観と触れ、自分だけの人生の経験をすることで、自立した大人のスタイルが確立できます。

ひとりっ子に必要なのは、人生の冒険。ファッションも同じ

センスは自然のなかで養われる

五感の多くは幼少期に養われます。土や泥の手触りや、木や草花のにおい、自然の景色の移り変わりや雨や風の音、採れたての野菜の味などに触れながら育ってきた人が感性豊かなのは、肌触り、質感に敏感で独自の価値観を持っているから。服装でも洗練されたセンスをキラリと光らせることができます。

「子どもの入学式に何を着て行けばいいですか？」と聞かれることが多々あります。私は「優先順位は、一・子ども、二・桜です」と答えるのですが、とても驚かれます。子どもとのバランスは考えるけど、自然や背景とのバランスは考えてもみなかったと、みなさんおっしゃいます。

実は、日本の学校のグラウンドに必ずといっていいほど桜が植えてあるのは、背景としての美しさを考えられてのものなのです。それを踏まえて考えれば、桜が満開の季節の入学式には真っ黒なコーディネートが適さないとわかるでしょうし、派手な柄も選ばないでしょう。

人は思い出話をするときに、その日の服装以上に天気や気候、景色などを覚えているものです。「あの日は本当にいい天気だったね。桜が満開でとってもきれいだったね」「すごい雨で、濡れちゃって寒かったよね」など。意識していなくても、私たちは自然と共存しているということがわかります。

自然は形、色、機能、すべてが完璧で、人の手では作り出せないものです。服を考えるうえでも、自然を意識してみるとよいでしょう。ハッと息をのむほどの風景があり、それを写真におさめるとき、その心惹かれた自然のなかに佇む自分の服装はどうかと考え選ぶ習慣をつけると、センスはぐっとアップします。

また、服はもともと動物の毛や皮、綿植物からできているもの。自然は常に私たちに恵みをもたらしているということも忘れてはいけませんね。

日本の四季や情緒、「わび・さび」といった繊細な感性は、ファッションセンスにも生かされる

自分に似合わない服が似合う女に、女は嫉妬する

「私にはそんな服、着られないな」という服には自分に足りないものを見つけるヒントが隠されています。それは、どこかにひっかかりがあるということなのです。つまり、気になる、興味のある服。

これは女性同士の人間関係に似ています。苦手だと思う相手のことほど本当は気になっていて、羨ましいと感じていたりするのです。本当に苦手なら割り切った付き合いをすればいいのに、そんな相手のことは、必要以上によく観察していて分析していたりします。実は、そういう相手に限って一線を越えて付き合ってみると気が合い、親友になることさえある。それは互いに興味を持ち、リスペクトし合えるからでしょう。

自分にないものを持っている人に対して抱く「憧れ」と「嫉妬」の根底にある

感情は同じです。本当は憧れているのに、わざわざ「私には似合わないからそんな服着られない」とむしろ興味がないフリをしてしまう。でも、そういった服こそ、心のなかでは「着てみたい」と憧れているものです。

着る人に嫉妬してしまう服に出合えたときはチャンスなのです。

嫉妬を通して、自分の根底にある素直な「着たい」という感情に気づき、思い切って挑戦してみると、自分に足りない〝何か〟に気がつけます。それと同時に、すでに持っている自分の強みにも気づくことができるでしょう。行動に移してはじめて見えてくることは多いのです。

嫉妬の根底にある自分の「憧れ」に目をそむけずに素直になれば、福は自然にやってくるもの。確かに嫉妬という感情は、とても不快なものです。自己嫌悪になることもあるでしょう。けれど、その根底には本当になりたいと思っている自分があるのです。

妬む原因は自分のコンプレックスにあり

女の器は外見ににじみ出ている

大人のかわいらしさを表現するなら「愛と幸に溢れているか」が、素敵の基準です。女性らしいピンク色を着れば、フラワーモチーフを身につければそれがかならかというと、そうではありません。若いうちはそれでも十分かわいいのですが、大人の女性がそれをやると幸薄く見えてしまい、たちまちイタくなる。

大人のかわいらしさとは、内面からにじみ出るものです。しあわせ感や愛情深さが服装ににもにじみ出て、女の器となっているのです。

大人になっても「キラキラふわふわ女子力」にとらわれている人は、もう古いのです。高価な服で満足している「〞ウソ〟セレブ」もしかり。

現代に求められる大人のかわいい装いのキーワードは「知的さ」と「タフさ」、そして「エレガンス」です。

知的さというのは「服を着る前に考える」こと。今日会う人、行く場所、することはもちろん、何のためか、どういう結果を求めているのかなど、頭を使ってコーディネートするのです。

次にタフさ。これは現代の特徴といえます。年齢や職種に関係なくタフであることが求められています。無神経でただ強いなどではなく、柔軟性を伴ったタフさ。最近注目の若手女優さんなども、タフさが共通点ですね。ストイックで努力を惜しまない、努力を積み上げたぶん、自分らしさを持ち、それが外見にもあらわれています。もう「儚くて壊れそう」な女性は求められていないのです。

そして、エレガンス。これはひと言でいうと「わび」です。わびというのは日本特有の美意識・価値観ではありますが、海外で暮らしていた私にとって、日本人が持つ「わび・さび」の精神はとてもエレガントだと感じていました。利休のお茶の世界に通ずるような、制限のある時間のなかで提供される品のあるシンプルなおもてなしがそう。その場に集う人の心をいかに満足させるかという心意気がとても美しいのです。服装も相手を思う気持ちをさりげなく表現して、相手に負担をかけないのがエレガントな人なのです。

この大人のかわいらしさが表現できる女の器を持つには、人生経験がものをいいます。平和で愛に満ちた家庭だったのか、しつけや日々の暮らし、親子関係・きょうだい関係、家庭環境なども重要だったりするのです。つまり、育ちが大きく影響しています。知恵、会話、工夫、所作、立ち居振る舞いなどの端々に思いやりと愛情が感じられる人は、育ちがいい人なのです。

服も無難ではなくその人らしさが立っているのに、押し付けがましくない。相手に寄り添うように、一緒にいる相手に恥や心配の気持ちを持たせないような心意気も感じます。愛情を持って育てられているぶん、他人への愛情の注ぎ方もよくわかっているのです。

どれだけ着飾っていても、中身や心を磨かなくてはただの見せかけの人。まずは、朝、その日会う人のことを考えて服を選ぶことからはじめましょう。

高価な服よりも高貴な心。大人のかわいさは「愛され」でなく、どれだけ「愛したか」による

日本人が持つ、恐ろしい「セレブ」の誤解

日本のセレブ気取りほど、うさん臭くて恥ずかしいものはないと思っています。「セレブ」という言葉だけがひとり歩きして、ちょっと贅沢しただけで「プチセレブ」などという言葉でSNSにアップする様子を見ると、浅はかさにげんなりしてしまいます。

さらにセレブ気取りの人の生活に憧れ、それをマネしようとする人もいるから困りものです。

日本での「セレブ」とは、いまや「小金持ちでお金があることを前面に出している系統の人」のことをさしますが、本来「セレブリティー(celebrity)」とは「名声」を手に入れた「芸能やスポーツ、社交、財界の著名人」を指すものです。祝福されている状態= the state of being celebrated が語源です。巻き髪で凝った

ネイルを施して、頭にサングラスをのせて高いランチを食べるのがセレブと思っていたら大間違い。セレブの意味を履き違えているのは日本人だけですね。

海外で暮らしているとき、本物のセレブリティーが出席するパーティに何度か招かれたことがあり（こういったパーティに日本人が集団で観光に来ていたこともありました……）、彼らの自宅にもお伺いしました。そのたびに「日本人の貧乏臭い感覚を何とかしなくてはいけない」と感じたものです。

後述しますが（P46参照）、貧乏と貧乏臭いは違います。本物も知らないから、ブランドやお金などのわかりやすいものばかりに気がいってしまう。これが貧乏臭さなのです。

お金に余裕がなくても工夫次第で豊かな暮らしはできます。ランチにコンビニ弁当を買うよりも毎朝炊き立てのご飯でおにぎりを作って持っていく。後者のほうがコストは安くても暮らしは豊かになりますね。

「セレブ」はもう死語。
幻想は捨て、できることから言い訳せずにやってみる

財布のセンスには人間性があらわれる

財布は毎日使うもの。面積はちいさいのですが、ことあるごとにご対面するアイテムですね。ここで対面するのは自分だけではない、ということを忘れてはいけません。服を買ってレジで支払うとき、仲間とレストランで食事をするとき、お会計時には必ず人目に触れるものです。

大切なのは、見せびらかすものではないものの、みすぼらしくあっては決してならないということです。

財布のセンスほどごまかせないものはないのです。

いつも着飾っている割に財布などの小物が汚い人は、見た目だけ取り繕おうとする、化けの皮がはがれやすい人です。

服がチープなのに財布だけブランドものという見栄っ張りな人は、仕事をするうえでも「かっこよく見られたい」「デキる人だと思われたい」という意識だけが強いタイプ。しかし、基盤を固める地味な仕事の継続が辛抱強くできないので、実際、仕事であまりよい結果が出せません。仕事は中途半端なのに自分のことは棚に上げるので部下や後輩から信頼を得ることもないでしょう。恋人にもわかりやすい好条件を求めがちで、恋愛も長続きしないようですね。

しかし、小物にお金をかけること自体は賛成です。服もリーズナブルで、鞄、靴、財布もチープでは、残念な域です。ブランド財布を美しく大事に扱い、ここからがんばろうとする意気で財布を持つことは、自分を向上させるためにはアリだと思います。これは、高校生が制服にブランド財布というような背伸びしたいさまとはまったく別の次元で。

レシートなどでパンパンにせず、いつもよい状態で保っていれば、その財布に入るお金は、あなたをちゃんと味方してくれるようになるでしょう。

お金に振りまわされないためにも、財を運んでくれる財布をチョイス

服をどんどん捨てられる人が10着の服で満足できるわけがない

メディアの「捨てなさい・減らしなさい」の声に流されてマネをした結果、「何を着たらいいのかやっぱりわからない」と、よく本音を聞かされます。必要なもの・不要なものをジャッジできず、すべてがいらないもののように見え、たやみくもに捨てた結果、「私の人生、実は何もなかった！」と嘆く人、「私は誰？」と泣く人にも会ってきました。

そんな女性の多くは一見そうは見えないミーハーな人。コンサルティング中に「読者モデルの○○さんが好きなので、そのようにしてください」という軽い発想を持つ人に多いタイプです。人マネや表面的なプロデュースしかできず、それが寂しさとなって表面にあらわれていることにも、本人は気づいていません。

ワードローブには本来、母親から譲り受けた大切な服、はじめてのお給料で買った思い出の服、肩幅をお直ししてでも復活させたい服など、選び抜いたものがあるはずなのに、そういった思いも忘れ、ミーハーな人生を歩んでいるのです。

これは、若いときから何事も吟味せず、ただ時代に流されて考えてこなかったことが原因。服だけではなく、仕事などでも、やりがいや生きがいより、ネームバリューやブランドだけを見て選んできた結果です。

簡単に捨てられる思い入れのないものばかり持ち、心はスカスカ。ものがないより自分がないほうがつらいことに気づいていない。裸になったとき、自分が何で魅せればいいかわからないままではいけません。

次買う服は、どこで誰と何をするために着るのか、その行動自体に意味があるのかを考えて探してみてください。上辺だけの女子会でもバーチャル仲間でもなく、心から認め合える仲間を作り、自己満足だけではなく、人のためにどう着るかを考えて買った服は、そんな簡単に捨てられるものにはならないでしょう。

まずは自分と向き合い、良質な人間関係を大切に。服はそのあとでも十分間に合う

過去の心の傷が衝動買いに走らせている

散財して、心のモヤモヤが晴れるということはよくあります。それが一時的なもので終わる場合と、継続的に繰り返してしまう場合があります。

後者の後先考えずに衝動買いを繰り返す人は、過去に何らかの心の傷がある場合も。自分では気づいていなくても、幼少期や思春期の心の傷がコンプレックスとなり、それを補おうとして、買い物衝動に走らせているようです。「私を見て」「私はここにいます」という気持ちを、ものでまぎらわそうとするのです。

ストレス発散の散財自体は悪いことではなく、今すぐやめるべきとは思いません。でも、結局購入したもので一度も心が満たされたことがないのだとしたら、自分の過去を受け入れるのが先。自己嫌悪を抱えたままものに頼るのは、決して心の開放にはならないのです。

私は、自分が本当に生かされる服と出合い、心の傷を癒してきた人を何人も知っています。試着をして体型にしっくりくるものを買う、即決せず何軒もお店をまわる、など、まずは買い物の仕方からていねいにしていきましょう。

そして買った服を大切に扱うこと。アイロンをかける、ブラッシングする、美しく収納するといった行為に、服も必ずあなたに応えていってくれます。

繰り返していくことで、過去の自分を愛おしむことができ、「私はこういう人間です」という自己表現ができるようになります。それは歌を歌うことだったり、人前で話すことだったり、ものを作ることだったり、自分ならではの方法になります。そして、その行動をするための服を選び、着るようになるでしょう。

過去の自分を認めることで、今の自分も受け入れられたら、そのとき散財は自然にとまっているはず。自分に今本当に必要な服を選べるようになり、やっと本来の自分が抱きたかった希望を持てるようになるのです。

過去の自分を愛おしむことは、今の自分を生かすこと

服にお金をかけられない人ほど柄ものに逃げる。柄にコスパを感じるのは危険

少ないお金で自己主張しようとすると、ついつい柄ものを選んでしまう人が多いのですが、リーズナブルな服ほど柄を選んではいけません。よりチープに見せてしまい、「安物買いの銭失い」になってしまいます。実際、柄ばかり選んでしまう人には、あまり服にお金をかけられない生活環境の人が多く、人生夫任せの主婦や自称アーティスト、なんちゃって起業家などによく見られる傾向です。

現状に満足しておらず今の生活環境から抜け出したいと思っているなら、限られた予算のなかでも「いちばん納得できる服」を買うことです。数か月買うのを我慢して洋服貯金をする、3枚我慢して1枚少しよいものを買うなど、ちいさな努力をしてみてください。その結果、リーズナブルな3枚のワンピースから、少し上質な1枚の無地ワンピースへと変わり、着こなしセンスもアップします。出

かけられる範囲も向上するので、現状打破のチャンスも巡ってくるでしょう。

また、服にお金がかけられないという人ほど、無駄遣いが多い。毎日2〜3回くらいコンビニに行き、水1本だけ買えばいいものをスナックやらスイーツやらを買ってしまう。そういったお客様におすすめしているのが、「何かほしくなったらタオルを買うこと」です。コンビニの価格帯にしては高いので、タオルを買いたくないからお菓子を我慢して無駄買いがなくなります。

最初は渋々タオルを買っていた人も、しばらく続けていると家のタオル収納に統一感が出てきて気持ちよくなってくるようです。実は最近のコンビニで売っているプライベートブランドのタオルは意外と秀逸。これは「住」を整えることにもつながりますね。

お金の使い道を考えることは、知的な作業。自由に使えるお金が多い少ないにかかわらず、知的に使い方を鍛えることが大切です。

貧乏はよい。だけど、貧乏臭いは最悪。柄には上質の意識を持つ

色をあやつれる人ほど自由。モノトーンやカラー診断に頼る人は窮屈

ファッションにおいて色は、トレンドを物語るものであったり、着る人の印象を決めるものだったり、さまざまな役割を果たします。しかし、どうしてかモノトーンに落ち着いてしまう色彩逃亡者は多い。それは、色の扱いに不慣れで色味のあるものに極端に苦手意識を持っている人か、逆におしゃれに過度な自信を持っているツワモノ。どちらも視野が狭く、自分の可能性からも逃亡中です。

また、カラー診断で視野が狭くなっている人も思いのほか多く、診断を信じきって、似合うといわれた色以外は着ないと頑なに拒みます。それはもったいないこと。診断結果もうまく応用するのならＯＫなのですが、頼り過ぎはどうしても古臭さを漂わせてしまうのです。

人には色づけではない「その人のカラー」というものがあります。それは、特

徴、考え方、生き方……などからにじみ出るもののこと。実は、本当に魅力的な人というのは、会う人やシーンによってそのカラーを自由自在に変えられる人です。内面から出るカラーが際立ち、それがファッションの印象として残る。それがモノトーンであってもモノトーンを着ることでよりそのブレない何かが伝わってくる。こういった静かな自信の持ち主には、色はあとからついてくるものです。似合う・似合わないにとらわれることなく、色を制しているといえるでしょう。

自由に色を纏うというのは、多くの色をガチャガチャ組み合わせるのとは違います。「目立つ」と「際立つ」は大違い。色に着られているうちはまだ、おしゃれとはいえません。あなた自身の内面のエッジが立ってくれば、どんな鮮やかな色にも負けず、そして勝つわけでもなく、自分のカラーを纏えるようになるでしょう。そのカラーは自然とあなたのキャラクターにそうようになるものです。そうなれたときは自分の生き方にこっそり拍手を送ってあげてください。

モノトーンや似合う色に頼ることは自分の可能性からも逃げるということ

レンタルドレスを我がもの顔で着る人生は借りものの人生。そこに豊かさはない

「結婚披露パーティがあってドレスをレンタルしたい」という人がいます。私は「レンタルドレスでは、借りもののオーラしか纏えませんがいいですか？　できれば買いましょう」といいます。

まず、お祝いの席に借りもので行こう、という神経がとても切ない。「クローゼットが狭くて」「一度しか着ないから」など、いろいろな事情があるのはわかります。でも、ほかの選択肢を考えず「レンタルでいっか」と迷いもなく決めたということが、心の貧しさだと思うのです。確かにそういう人にはレンタルドレスがよく似合っていますから、またつらい。

悲しみの場で着る和服もそうです。レンタルの着物は、昨日、別の人を送った着物で、また明日別の人を送るでしょう。大切な人の最期のお見送りに着る和服

は借りものでいいのでしょうか。

借りものを我がもの顔で着るということについて、もっと考えてほしいのです。結婚式に出席するとき、何も考えずに自分に似合う1万円のレンタルドレスを選ぶ人。大切な人のお祝いの場だからと、披露宴会場の格、スタートする時間、結婚相手の年齢や職業、会社の人も参加するのかどうか……、多方面から考えたうえで1万円のドレスを一着買う人。生地を買って手作りのシンプルなドレスを1万円で作ることを考える人もいるかもしれません。かけたお金は一緒でも、人生には大きな差が開きます。

考えた人ほど心を込めたぶん、しあわせのお裾分けが確実に届き、豊かな時間を過ごせます。その人格はほかの列席者にも伝わることでしょう。何も考えずにレンタルドレスを選んだ人は「ラクだからまた借りよう」と自分の浅はかさにも気づけない。豊かさの差はどんどん開いていく一方です。

切ない借りもの人生から脱却する道は、服一着を本気で考え抜くしかない

ながらスマホは美しさの大敵

スマホを触りながらの〝ながら食べ〟、電車のなかでひたすらスマホゲーム、SNSを見ながらの〝ながら歩き〟……そういった大人で溢れている現代。しかし、ながらスマホをしているうちは美しさは手に入りません。

ながら食べは、興味が料理以外のところにあり、実際、消化に悪いです。親のしつけも疑ってしまいますね。無駄に太り気味の人が多いのも、そのだらしなさからでしょう。

そして、いつでもどこでもスマホゲーム。大人が電車のなかでひとりゲームに熱中している姿を見ていると、背中は曲がり、髪の毛が顔に垂れ下がって印象は暗い。周囲を見まわすことは皆無です。座っている席の前に年配の方がいらしても知らんぷり。さらにながら歩きで前から子どもが歩いてくるのにも気づかずぶつかってしまいそうになっている……、どんなにおしゃれをしていても、すべてが美しくないのです。さらにいうと、それは本人の問題だけではありません。街の風景を壊し、人々のちいさなコミュニケーションも妨げます。そんな姿は公害にも近いものがあります。

美しさを失ってしまうながらスマホはこの際思い切ってやめる、まずは、そう決めましょう。そして、季節の移り変わりや都会の雑踏のなかでもたくましく育つ草木の存在に目を向け、人々の会話に耳を澄ませてみてください。思いのほかあたたかい気持ちになれ、人との出会いも生まれます。ゲームがダメ、SNSに夢中がダメ、ということではありません。〝ながら〟がNGなのです。

情報過多な時代だからこそ、情報を厳選し、前を向き颯爽とした日々を送ってほしいと思います。〝ながら〟人生を送るクセを直さなければ、人生そのものが流れていってしまうのです。

〝電車のなかで化粧〟も同様。どんなに着飾っても、醜い行動ひとつで美は台無し

素敵な人ほどSNSで外食をメインでは投稿しない

SNSにレストランのフルコースの写真ばかりで「○○に行ってきました」などをアップする、自分の手料理でもなく部屋でもない「外」ばかりでSNSが埋め尽くされている女性は、プライドが高い割に、本当は自信がなくて孤独な人です。他人の店、他人が作った料理で自分の価値を示そうとしても、見る人は羨ましいとも思っておらず、尊敬の念なども抱きません。おいしい料理や弾む会話、大切な人との時間に重きをおけば、写真を撮るにしても最小限ですませようとするはずなのです。

結局、SNSではものに頼るだけの投稿になり、そこに「自分」はありません。服装も「きれいに見られたい」「素敵だといわれたい」という欲を纏うものになり、誰かに〝見せしめる〟ためだけのものになります。ブランドに頼っても、そのブランドのヒストリーなども知りませんし、不思議とだいたいが似通った印象。これは、レストランの美味しそうな料理がどれも似たように見えるのと同じ現象でしょう。

食べ放題やお得情報にやたら詳しい人も根底は同じニオイがします。ブッフェ会場で我先にと料理の前に並び、何皿もこんもりと皿に盛る女性の多くは、ケチでいやしく、装いにも残念なほど品がありません。わかりやすいブランドバッグや財布などを好み、着ているものが派手めでチープな印象を残しています。服を纏う本体の肌は荒れがちで、からだにも締まりがありません。

素敵な人は自分が食べられるだけの量がわかっています。コンセプトを感じさせる気の利いたお店をさらりと知っていて、気の利いたファッションも自然に身についています。

レストランに行くときは、どういった服装や態度がお店にふさわしいか考えましょう。お店も「このお客様なら」という人がSNSで紹介してくれることはありがたいこと。その場合も何でもかんでも撮影するのではなく、最小限に厳選するのがスマートです。

また、料理写真をＳＮＳに投稿するなら、自分で作ったものを載せてみてはいかがでしょうか。自慢気にあまりに手の込んだものよりも、見ている人が「これなら作ってみたい」と思うような、簡単なのにしゃれて、おいしそうなものがいいですね。さらにレシピがさらりと書いてあると、センスと気遣いを感じます。

おしゃれのレッスンとして日々のコーディネート写真の投稿も客観視のためにおすすめです。自分の体型が美しく見えるのはどういうかたちの服なのかなどが、日増しにわかるようになるので、コーディネートの腕もじわじわ上がってきます。決して自己満足にならないように、公開範囲などにも気をつけて実践してみてくださいね。

ＳＮＳは自慢するためではなく、自分を客観視するためのツールとして使ってみる

相手を勘違いさせるギャップは悲劇を生む。まず見た目と中身が〝しっくり〟くるかが基本

ファッションはその人の人柄に合ったものが似合います。ファッションで自分の持ち味を表現できれば、それはコミュニケーションツールにもなり、さまざまな場面で服を味方につけることができるでしょう。

たとえば、大雑把な性格の人はやはり大味なファッションが似合います。タイトなものよりもざっくりしたラインのもの、無造作に1枚で着るコーディネートが似合い、重ね着も大柄と派手なカラーを合わせても負けません。シンプルに着こなせば大雑把な人のよさも出るもので、いちいちくよくよしない楽天さがにじみ出て潔く見えます。一見短所にも見える大雑把な面も、その味を生かし、潔いかっこよさをファッションで表現すればよいのです。

反対に繊細な人は、レースやフリルなどの細かなディテールが特徴のものを選

ぶとよく似合います。ペールトーンのちょっと甘めのスタイル、または、少年的でニュアンスのある服がしっくりきますね。セクシーさには欠けますが、誠実さが伝われば好印象です。もともとおしゃれ感度が高いので、上質なものを探すことに長けているはず。絶妙な色の組み合わせや、ちょっと目を引くアシンメトリーなデザインのものもバランスよく着こなせ、ほかの人にはできない細やかさがコーディネートを引き立てます。

このように、自分の性格にマッチしたファッションは〝しっくり〟きて気持ちがよいものです。服装は内面のあらわれでもありますから、性格の特徴をバランスよく表現すれば、相手もあなたがどういう人かというイメージがつかみやすく、距離感がわかり、「気が合いそうだな」という指標にもなるのです。逆に勘違いさせてしまう見た目は、「こういう人だと思っていたのに、違った」という、残念な結果を生み出すことが多いので、注意したいところです。

自分の性格に合う雰囲気を外見でも。短所だと思っている性格も長所になる

基本がわかれば、効果的なギャップを楽しめたり短所もカバーできる

短所や欠点をヒントに「ギャップ」を考え、作り出す手法もあります。私は常々、あらゆるシーンにおいて、その場やそこに集う人たちに服装で歩み寄る自己演出ができれば、人生は何倍も楽しく、生きやすくなると考えています。

たとえば私の22歳になる息子は、生きづらさを感じる特性を抱えながら絵を描く人です。アニメを中心に動画を作ることに奮闘する作家なのですが、ひと言でいうと「オタク」の部類（笑）。放っておくとジャージにリュックという〝まんま〟の格好で、出かけてしまいます……。なので、基本的には、オタクを外見に表現するのではなく、アーティストっぽい雰囲気を纏うことで、しっくりさせています。

そんな彼も私とファッションショーなどに招待されて観に行くときは、ファッ

ション業界の人のニオイも少しプラス。すると、出会う人、すれ違う人もまさかオタク君とは思わず、むしろ羨望の眼差しで彼を見てくれたりするものです。

彼のファッションでいうと、きちんときれいなシーンのときには紺のブレザーをチョイスします。好青年でさわやかに見える効果で、相手も違和感を抱かず、ことはスムーズに運んでいきます。こうすることで個性的な彼も、その場を生きやすくなっているのです。生きづらさも装いでカバーすることは可能だと、身をもって感じています。

恋愛のシーンでも「隙がない」といわれる人なら、「崩し」や「抜け」のテクニックを身につけるとよいですし、「大人しそう」といわれる人なら、思い切ってフェイスラインの出るヘアアレンジにして快活さを出すのもよいでしょう。

戦略として〝あえて〟ギャップを作ることで、チャンスが巡ってくることも大いにあります。ギャップのあるファッションを楽しんでみてくださいね。

意図的なギャップの創造は
よい効果と結果を生むファッション戦略である

見た目も中身も、人の価値は「人と違う」ところにある

これまで日本では、「右に倣え」の教育の時世でみんな一緒に、周囲から浮かず中立をとれる人が「いい子」とされてきました。個性はあまり歓迎されません。「村八分」という言葉もあるほどです。でも、今、このご時勢だからこそ考えてほしい。個性というのは、本当によくないものなのでしょうか。

日本人は特に「無難」を好みます。ですが、無難を好む割に、根っこでは「あの人と私は違う」という考えを持っている人が多いような気がします。ただ、個性が強い＝変わった人というマイナスのイメージが強いせいで、自分を主張し過ぎることは輪からはみ出てしまうという考えが根強くあり、人に嫌われることを必要以上に恐れています。

しかし、長らく協調のみを強いられてきた教育では、太刀打ちできない世の中

になってきたのも確か。現代では「個」のパワーを発信しながら行動できる人が求められています。孤立するのではなく「個立」する、個を立たせることができる人が重宝されているのです。

個のパワーは、SNSの普及も伴って注目を集められる時代。多くの写真のなかから自分が上げる画像や情報の「個」をどうやって立たせるのかを考えて投稿する、こういった「個」の特徴が仕事に結びついている人も多いのです（SNSから書籍化されることもある世の中です）。「人とは違う何か」を長年封じ込めてきた人はいよいよこのままでは次世代を戦えません。

それは外見も同じです。個性とは、ルールを守らないことでも、変に目立つことでもありません。自分をしっかり持ち、他者に強要しないけれども目にとまってしまう「個」、それを立たせるには、それぞれの違いを生かすことです。服装も含め、無難のままでは「その他大勢」のまま人生は終わってしまうのです。

現代の日本で求められはじめているのは協調性以上に、その人にしかない個性である

「変わりたい」だったら行動を変える。服も変える

はっきりいって具体的な目標がなく、進歩も望まなければ、服も過去のものをずっと着ていればいいのです。

「変わりたい」という人にどう変わりたいのか聞くと、具体的なビジョンを語れる人はほとんどおらず、実際、行動に移す人は皆無に近い。多くは現状の不満と計画性のない夢物語を話すだけです。いくら服装から人生を変えようとしても、非行動のままでは明るい未来を呼び寄せるなんて不可能です。

「変わりたい」という気持ちは尊いものです。だから、いきなり大きな結果を求めず、まずは半歩だけでも前進する。変われない自分を他人のせいにせずに、本当に変えたほうがいい部分に気づき、毎日の習慣のなかで改善するポイントをちいさなことから具体的に考えて実行するのです。

そうして行動していると、自分のよいところに自信が持てるようになり、「変わりたい」という漠然とした思いから、本来の自分のよさを生かした具体的な「進化」の方法が見えてきます。

服装も同じこと。

「もう着ないと思うけど、高かったしな……」と袖を通していない服にしがみついている状態は進化どころか、退化。行く場所も付き合う人も代わり映えせず、成長もとまってしまうでしょう。

進化しない人の特徴は、ラクな行動をダラダラと続け、誰かに変えてもらおうと、すべて他人任せです。目的もなくただ着られている服も、それをただ着ている人も、このままでは本当に見つけてほしい人に選ばれることはないでしょう。埋もれ、すぐに忘れられる存在から、見つけられ、選ばれる存在になるためには、行動と服が伴ってこそ、やっとかなうのです。

行動が伴わない人にその答えは永遠に見つからない
なぜそれを着るか、

外見的に「違う自分」になり切ることで見えてくるものもある

たとえば、仮装。仮装は現実世界からの解放ですね。外見的に他者になりきることはやってみると結構、快感です。日常のストレスを発散できたり、明日からの気力が湧いてきたりすることだってあるので、大賛成です。私自身、ハロウィンには、魔女になったり、血まみれメイクで遊んでみたり、気合を入れて楽しんでいます（笑）。

実は仮装は、自らのストレス発散だけではなく、まわりの人を愉快にさせて巻き込むという効果も生み出します。

私の会社に勤めるスタイリストの男性が、異業種である医者と結婚し、その結婚パーティに出席したときの話です。彼らの結婚式の二次会で私たち女性スタイリストは、新婦側のゲストが楽しめるように、全員でナースになりました。はっきりいって、おしゃれといえるものではありません。ですが、自分のセンスの価値観を超えて、会場全員が笑いに包まれましたし、スタイリストと女医、両家のゲストの空気の差を装いで一気につなぐことができました。これは、装いを通して、人が楽しめる、笑顔になる、着るほうも見るほうもしあわせになる、「装いはギフト」という考え方の例です。

ハロウィンの街にも一体感がありますよね。普段着のままだとただ単にすれ違うだけの人たちとも、仮装してその日を楽しんでいるだけで「同士」という感覚が生まれ、一緒に笑顔で盛り上がることができる。これは、素晴らしいコミュニケーションだと思います。

「私にはそこまではできない」という人も、野外イベントを活用してみるとよいでしょう。

会社でバーベキューイベントが開催されるとき、いつもきれいめでノーブルな印象の人が、キャップをかぶり、気の利いたスニーカーで颯爽と準備をはじめれば、新たな魅力で好感度は上がります。いつもボーイッシュな人が夏のデートに浴衣を着て出かける、というのも相手のハートを鷲づかみにするでしょう。

野外フェスもおすすめです。開放的な自然のなかで行われるフェスでは、Tシャツに短パン、首にはタオルというラフなファッションで音楽を楽しむという一体感があります。音楽に興味がなくても、そこに集う人たちと同じ空気を味わうことは刺激的な経験になります。楽しい出会いもあるでしょう。

外見的な刺激は周囲をも巻き込みます。ショーウインドウで一目ぼれした服をはじめて着て出かける日の感覚、長い髪をばっさりと切った日の感覚は、女性なら誰だって味わったことがあるはずです。いつも見慣れている景色が変わるあの感覚。姿勢だっていつもよりシャンと伸びているはず。そういうときは、まわりの人のあなたに対する反応や態度も少し違うでしょう。

いつもと同じというあなた。あなたが自分自身に飽きているように、まわりからも飽きられているかもしれませんよ。

装いにギフトの精神を持つこと。いつもと違う自分になることは、まわりの刺激にもなる

Chapter 1
まとめ

服は家庭環境にも影響される。
きょうだい関係から自分のファッションを知ることは
自分を生かす方法を知ることにつながる。

食習慣は、服にもあらわれる。
冷蔵庫のセンスを見れば、その人のワードローブもわかる。
「衣」と「食」は深く結びついている。

「住」は生活の根底。
そこが整わずして人生は豊かにはならない。
「衣」だけで取り繕おうとしてもボロが出る。

見た目と外見の違和感は悲劇を生むが、
意図的にギャップを創り出すことができれば、
人生は自由に、生きやすくなる。

今の自分を「変えたい」と思うなら、行動と服を変える。
まず見た目が変わるだけで、
心身に及ぼす影響は多大である。

Chapter 2

選ばれる女の仕事服

服迷子は人生迷子。服も自分も探し中

人生の迷いは、服にあらわれています。

たとえば「陶芸はじめてみようかな〜」という女性。その多くは、特に器が好きなわけではありません（骨董市にさえ行ったこともない人に限ってこういうことをいう傾向があります）。

彼女たちの思考はこうです。「結婚もしていないし、いつになるかもわからない。仕事にも生きがいを感じられないけど、焦っている自分は隠したい……。習いごとをはじめたら新しい自分に出会えるかも！」という具合。陶芸に限らず、〇〇ダンスや〇〇教室など、何かをはじめたいという人はそういう空気からスタートしていることが多いです。

表面的なポーズをとるのが先で、本心と向き合うことから目を背けていては、陶芸教室に通っても、素敵な器が作れるようになる前に飽きてしまうだけ。結局何も得られないまま、次から次へと新しいことをはじめる、を繰り返すだけになってしまいます。

やることが気まぐれで、一貫性がないままでは、いつまでたってもファッションにパワーは宿らないのです。自分の本心に向き合うことをせずに「みんなこんな感じだから」「人気ブロガーが使っているから」というモノマネに走って、外見を誰かと一緒にすることで表面的に安心していても、抱いている不安を見ないフリ。そのままでは、服のほうから逃げていってしまいます。これは、〝自分探し〟といって手当たり次第に自己啓発セミナーに行ったりする人にもあてはまります。

本来なら、シンプルに優先順位を考えて婚活を真剣に考えたり、転職も視野にいれて具体的にキャリアアップしたほうがいい。そのうえで感性を磨くために習いごとに挑戦してみると、その時間はとても有効に働くはずです。新しい自分を習いごとやセミナーに突然求めても、それは幻想で終わってしまうでしょう。

習いごとをするなら、地に足をつけたうえではじめましょう。

私の教え子に料理を趣味にしてきた女性がいますが、子育てが一段落し、最近では教える側としても活躍しています。その料理と家庭のセンスのよさにメディアも注目し、雑誌で特集が組まれるほどに。それは誰のマネでもなく、彼女がナチュラルに身につけてきた本物の「結果」。これは暮らしに基づき、家族が健康で心豊かに過ごすために、食材だけではなく「人を生かす」ことを地に足をつけて考え、行動してきたから極められたことなのです。

気まぐれでは、誰かのお手本になる領域まで極めることはできません。いわずもがな、趣味を極めた人たちは、透明で洗練された空気感を持っていて、人生にも服装にも迷いがありません。

自分の不安に見ないフリをせず向き合えば、本当に極めたい趣味も、洗練された服も手に入る

仕事が生きがいの女性にとって服は鎧。鎧の下は、もろくて繊細

社会のトップでバリバリ仕事をこなしている女性。彼女たちは、パワハラ、モラハラなんて言葉さえなかった男性が主体の時代に、傷つきながらも、なんとか社会を変えていこうと懸命になってきた女性です。彼女たちにとって服は戦闘服。自分を強く見せるために、ファッションで武装します。プレゼンでも、レセプションでも、ゴルフコンペでも、会食でも……どんなときでも周囲に負けないように隙を作らず、周囲を裏切らない完璧な風ぼうを保っています。

一見それは武器のように思えますが、実は彼女たちにとって服は本当の自分を守るための鎧。彼女たちは女であることを武器にはせずに戦ってきた人。だから、鎧を脱いだときの彼女たちはとても繊細で、誰よりもかわいかったりします（世の男性はその女性らしさに気づかないことが多いようですが……）。

間違いなく仕事ができるので、部下たちからはリスペクトされています。しかし、服装が完璧過ぎて、壁を作られてしまうことも。鎧は時代性を感じさせてしまい、若者を遠ざけていくのです。

ファッションは同世代とばかりの付き合いでは危険です。

中身の充実がある人こそ、外見には抜け感がほしいところ。〝抜け〟の感覚は、若い人のほうが得意ですから、年下の恋人を作ったり、ひとりの遊びの時間を堪能したり、世代を超えた仲間たちと遊んだりして、今の時代の空気を感じたいものです。

鎧は年を重ねるにつれ、どんどん硬くなっていく傾向があり、40代がいちばんしんどいと感じるかもしれませんね（経験談）。できればウィークデイにひたすら仕事に打ち込んだぶん、ウィークエンドは外に出て仕事以外の行動をするようにして、ピュアになれる時間を作ってほしいと思います。

仕事人間こそ、年代を超えた人付き合いを大切に

ワードローブ管理と仕事のクオリティには通ずるものがある

その時々の気分で服を買い、なんのポリシーも統一性もないワードローブで通す人は、自分の持ちもの全体の把握が不十分です。いろいろなテイストの服を気まぐれに持っているのにコーディネートはいつもワンパターン、または、ガチャガチャしています。さらに、その失敗を改めるわけでもないので、たいして威力のない服が増えるばかり。

そんな女性は、仕事も計画性のなさが際立ちます。

仕事の全体像を把握しないまま、具体的な目的を立てずに仕事をするので、スケジュール管理が不得意。締め切りの直前に突然慌てたりするタイプ。その場しのぎで仕事をするので、仕事自体に「軸」もなく、結果も出ません。これは、ワードローブも同様です。

軸のなさは命取りです。

服はあるのにいつも同じようなスタイルになってしまうという人や、どうもコーディネートがガチャガチャしてしまうという人は、コーディネートパターンをシーズンごとに作りましょう。作り方は、自ら着用したコーディネート姿を数パターン自撮りし、クローゼット近くの壁などに貼りつけるだけ。そのコーディネートをローテーションで着ていくのです。

パターンが決まっていれば、出かける前に何を着るか悩み焦らずにすみますし、シーズンごとに本当に必要なもの、なくてもいいものが客観的にわかるように。

この方法で私のお客様たちも随分改善されています。ワードローブの全体が把握できるようになると、おしゃれセンスが向上するばかりではなく、仕事もできるようになります。服の管理と仕事の質は比例しますから、スケジュール管理もできるようになるのです。

考えなしの服のラインナップのままでは、仕事でも的確な「軸」を持てず、活躍できない

仕事をソツなくこなすOLほど30歳を過ぎると服装で行き詰る

ある朝、出勤前に鏡のなかに映る自分を見て「何かしっくりこない」と違和感を抱くときは、仕事で行き詰まりを感じはじめているときです。新入社員のころからテキパキ仕事をこなし、ミスも少なく信頼されて仕事を任されている女性に限ってそう感じることが多いよう。頭もよくて優秀、仕事も速い、服装にもソツがない。20代のうちはその要領のよさに高い評価を得て、将来も有望視されますが、30歳を過ぎたときから流れの滞りを感じるのです。遊んでいるようにばかり見えていた同僚に追い抜かされるような危機感を抱くことも多いでしょう。

それは、20代と30代では仕事で求められているものが変わるから。20代はまだ若手として上司から求められることに応えながら幅広く仕事ができる人が重宝されます。しかし、30代になると、中堅となり、後輩を引っ張っていける人が求められるようになるのです。また、新プロジェクトのリーダーともなれば、斬新なアイデアや創造性も欠かせません。

ですから、20代のころに仕事だけではなく、遊びを通じて外に人脈を作ってきたり、仕事以外の勉強をしてきた人は、30代からどんどん会社に必要とされていくでしょう。仕事以外の恋愛・人間関係で失敗を繰り返してきた人ならなおさら、後輩の失敗やミス、相手のちょっとした要望に対して臨機応変に対応できるようになっているのです。

20代を仕事第一でがんばってきた人は、中堅になったら無難ファッションをやめること。そのためには机の上だけで装いを学ぼうとしてはいけません。仕事も服装も今までやってきたことだけを続けていては進化がないのです。さまざまな発見を求め、チャレンジを恐れずに続けましょう。その経験は迫力に変わり、一目置かれるファッションもできるようになるものです。

仕事へのやりがいが薄れ、服に違和感を覚えたら人生の黄色信号。意識を「外」に向け、器を広げよう

制服こそ本性は見抜かれる

仕事着に黒のスーツや地味な制服っぽい指定など、決まりがある人もいるでしょう。工夫次第でちいさな差をつけることはできます。その差は誰かが必ず見てくれているもの。「決まり」にあきらめている女性にしあわせはやってきません。

私の顧客に、制服でも少ない面積で「小さな変化」を毎日意識している女性がいます。規定のスカーフの結び方ひとつでも、毎日「考える」のと「考えない」のでは雲泥の差。彼女は制服という制限のなかでも考えて工夫していたところ、取引先の人に「○○さんは対応がとても素晴らしいだけではなく、ちょっとした発想がヒントとなるような提案をしてくれる」と、大プロジェクトのリーダーを任されたのです。あとで話を聞いてみると「全員が同じ制服のはずなのに、○○さんは毎回打ち合わせのたびに少しずつ何かが違って新鮮に感じていました。制服だけではなく、髪型のアレンジなども変化があって、いつも会うのが楽しみでした」といわれたそう。自分が思っている以上に、よく見られていたことに驚いたそうです。

こういった劇的なストーリーは「でも」「だって」が口癖の人には訪れないのです。「だって、どうせ制服だし」「でも、これが決まりですから」など言い訳の連発です。どんなにちいさくても自分で変化を起こさなければ、まわりに変化が起きるわけがありません。

同じ制服でまったく同じ着方だったとしても、小さな喜びを成長に変えられる人は制服が喜んでいるようにも見え、他人よりも輝いているはずです。背筋を伸ばし、さっそうと歩くだけでも制服姿は違うのです。美しい言葉遣いや親しみやすい笑顔、そういった服以外の努力が自分を律し、結果、服装を通して人にも十分に魅力が伝わるのです。

言い訳三昧の人からは
素敵な服も、よい仕事も、人生のチャンスも遠ざかる

服だけにこだわることをやめてみる

実は、ファッションにおいて「こだわる」という言葉はあまりよいほうに捉えられていません。ファッションにこだわり過ぎること自体あまりかっこよくないという考えがあり、私もそう思っています。だからこそ、〝執着せずに洗練されている〟ということは、装いにおいて最上級といえるでしょう。私は「こだわり」という言葉の代わりに、その人が考えを持って選ぶことを「流儀」という言葉で解釈しています。

たとえばTシャツにデニムでも天才的なオーラを纏っているアーティストは存在します。他人の目を気にすることもなく、その才能以上に自分を大きく見せる必要はありません。こだわる必要もないのです。自分が着ていて気持ちがいいものをとことん探し、納得すればその服をずっと着ている人もいます。これは男性に多いのですが、そのぶん仕事に集中しているのです。スティーブ・ジョブズなどはその例ですね。

思考と実力がニセモノな人は「装いでごまかす」のがうまいものです。皮肉にも必要以上のファッションへのこだわりは、逆に仕事ができる印象を与えず、滑稽にさえ見えます。

では、流儀とはなんでしょう。

それはよく考え、試行錯誤し、生み出した自分ならではの方法です。服自体に執着し過ぎず、人生を豊かにするひとつのツールとして捉えましょう。はじめは憧れている誰かをマネてもよいのです。大切なのは、マネで留まらず、徐々に自分なりの流儀を尽くしていくこと。経験して、失敗して、学んで、そうしてやっとその人だけのオリジナルのスタイルができあがります。それは仕事も同じですね。大人の女性なら、服装にも仕事にも流儀を持ってほしいと思います。

服にはこだわりではなく流儀を持ちましょう

ステーショナリーに見る結婚願望とその傾向

仕事用のステーショナリーには結婚に対する願望と傾向が垣間見えます。見た目のデザイン性よりも、「書きやすさ」「使いやすさ」という機能重視で選ぶ女性の服装はちょっとダサめです。靴も歩きやすさ重視。ヘアスタイルもひとつにまとめただけのスタイル。ただ、仕事においては頼まれたことも効率的にこなし無駄がありません。安定に重きを置くので、仕事を選ぶときは「福利厚生がしっかりしている会社」「育児休暇がちゃんとある会社」など条件面でちゃっかり選びます。貯金もしっかりしているタイプが多いですね。

そんな人は20代のうちに結婚することをおすすめします。実際、堅実な性格は結婚向き。男性にも結婚相手の対象として見られます。でも、結婚願望があるのにもかかわらず30歳を過ぎて未婚のままでいると、仕事にも結婚にも焦りを感じるのがこのタイプ。意中の人がいるなら早めにつかむことです。

逆に機能よりもデザイン性重視。会社でも有効に使える注目のデザイン雑貨をさらりと選べる人は、服も常にセンスアップを狙っています。職場でも人気があり、上司・同僚・部下・取引先の注目の的。いい意味で話題の人です。婚期に関係なく、難なく結婚相手を見つけ、妻業も、母業もバランスよくこなします。

女子ウケ狙いのかわいい系を選ぶ人は、いちばん要注意。ステーショナリーの「かわいい」は男性から見るとナゾ。男女共通で使えるようなスマートなステーショナリーのほうがポイントは高いです。ラブリー過ぎる雑貨に囲まれている人は婚期を逃しやすく、年を重ねるごとに違和感が大きくなります。

ステーショナリーは男女共通デザインを。「スマートさ」がキー

まずは、会社で使う気の利いたマグカップを探すところからスタート。底に吸盤がついていて倒れない＝書類やパソコンを濡らさないものなど、機能的で男女ともにおしゃれと感じるものもたくさんあるので、探してみましょう。

女は本能的に鞄を集める。だけど、鞄こそ量より質で選ぶべし

通勤鞄の選び方にはその女性の人生への向き合い方があらわれます。まず、「荷物をたくさん入れたい！」と大きな鞄を選ぶ人は、2タイプに分かれます。持ちものの量に対して鞄が大きく、整理されていて余裕があるタイプと、何でもかんでも入れて中身がゴチャゴチャたくさん入っているタイプです。前者は、何かを買ったときに入れておく余裕がほしいという気持ちのあらわれで心配性。用意周到な性格の持ち主です。仕事に対しても慎重にこなすので、ミスが少なめ。後者は頭のなかの整理が苦手な人。肝心なものを忘れてしまいがちですが、案外革命的なアイデアを考えるソースを持っています。苦手でも週末に整理をするように心がければ、よりよい案が浮かんでくるでしょう。

「遊びに行くのか？」というくらいちいさな鞄で通勤をしている人は、仕事より

もプライベート重視の人。仕事を家に持ち帰るという考えもなく、会社帰りにできるだけ身軽でいたいという気持ちがあらわれています。鞄にポケットがたくさんついていたりする機能性を重視する人は、機能的な面だけを見るのではなく、デザイン要素に目を向け、持っている服との相性はどうかなど、トータルで考えるようにしましょう。

高価なブランドものを手に入れる場合は、ブランドネームに安心せず、そのなかでも永遠に威力を保てるシンプルで品のあるものを選んでください。メンテナンスを怠らず大切に使い続け、次世代に引き継ぐのも素敵ですね。

女性は本能的に鞄が大好き。

私は、女性が子どものころから鞄をいくつも溜め込むのは潜在的なものだとみています。何百万年も前、男性は狩りをして、女性はカゴ（鞄）を提げて木の実や果実を採りながら、近所の女性とコミュニケーションをとっていました。女性にとって鞄は大切な食料を入れる、生活に欠かせないものだったのです。現在でも女性は、食卓に並べる料理の食材を買いに行くのに、必ず鞄を提げていきますよね。

そのルーツは、ＤＮＡに刻み込まれているのだと思います。鞄にいっぱい詰め込むことで満ち足りた気持ちになってしまうのも、本能ですから、とにかく女性は〝持ち過ぎる〟傾向にあります。鞄のなかにはまた鞄、その鞄のなかにはポーチ……（笑）、これは男性から見るとミラクルとしかいいようがないそうです。これは意識的に必要・不必要を見極めたいところ。本当に必要なものを厳選し、ある程度値が張ったものを持つほうがコーディネートはしまります。

また、重い鞄を長時間ひじにかけていられるのも女性の特徴。実は赤ちゃんを抱くポーズに似ています。赤ちゃんを抱くときは足を支える側のひじを大きく曲げ、落とさないようにしっかり支えます。その持ち方は女性ならではの潜在意識が関係しているように思います。幼いころから自分より大きな鞄を引きずりながらお買い物ごっこやままごとをしてきたのは、いずれ母になる準備を本能的にしているのではないでしょうか。

女性力を上げたければ、ある程度お金をかけたほうがよい

鞄はいってみれば、女性性のかたまり。

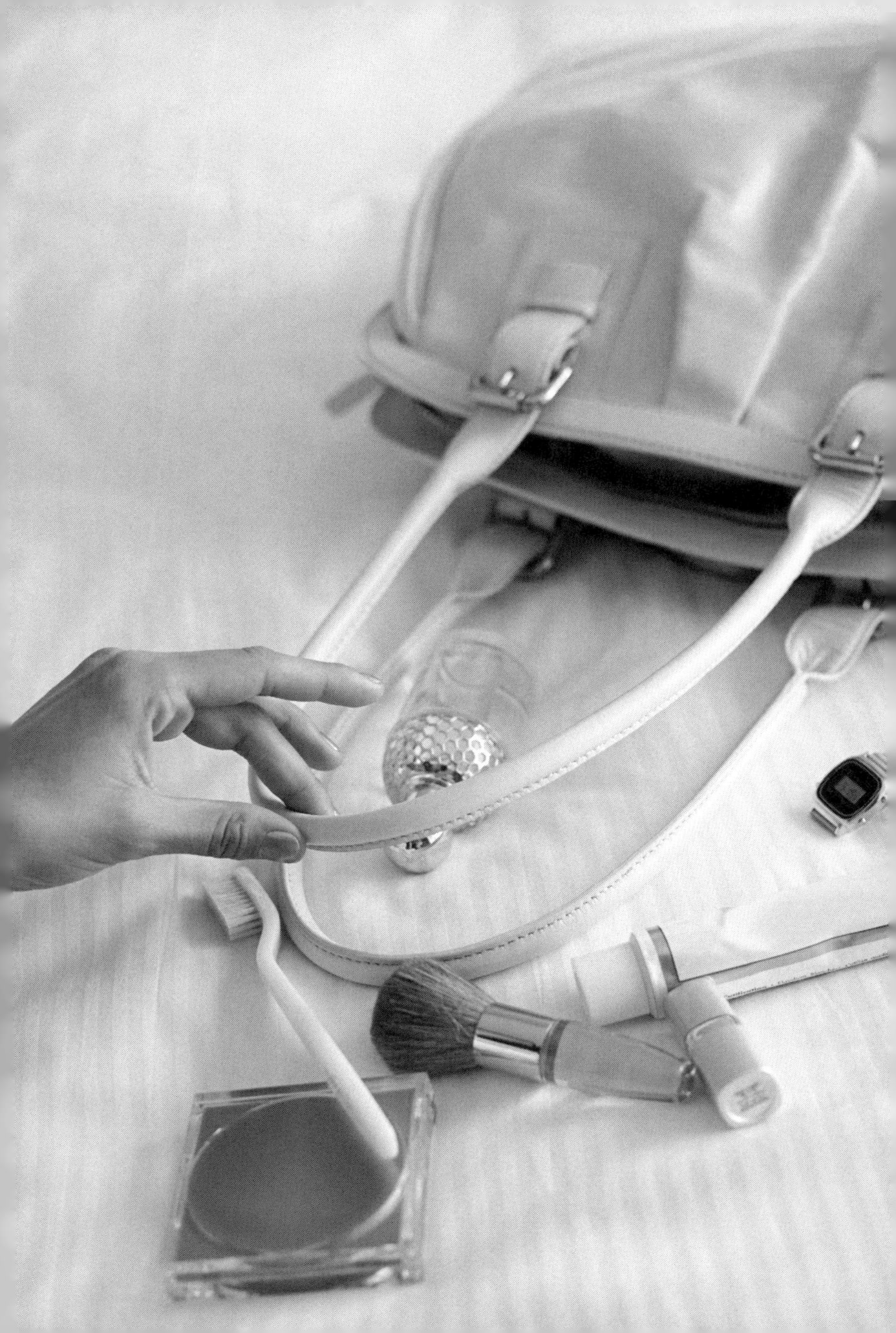

素敵な人脈を呼び寄せるために、鞄は自分のテンションを保つものを買う

仕事で認められたい、一目置かれる存在になりたいと思う人は、鞄をテンションで選ぶようにしましょう。

特に通勤バッグは年間で300日くらい持つもの。それを機能性よりも飽きずに使い続けられる〝自分の気分が上がる〟ものを選び切り、2〜3個の鞄を美しく使い分けている女性は、服も「ただ使いまわしがしやすそう」という理由では選びません。

そんな人は社交性にも長けているもの。自分の価値観をしっかり持っているぶん、その場の価値を、その人が存在することで底上げすることができます。もちろん、どこへ行っても人気がありますね。

不思議なもので、いるだけでその場の価値が上げられるような人は、鞄が一点

豪華主義で服装がリーズナブルなものだったとしてもチープに見えません。「一点」の選び方が秀逸で、ほかのアイテムの価値も引き上げるような「一点」の選び方をしているのです。鞄だけが豪華でほかのアイテムをチープに見せるのではなく、鞄ひとつで全身のコーディネートを格上げする選び方です。持ちものひとつで気概を保ち、よい運気を呼び込んでいるのです。

こういった選び方ができるようになるには、どの持ちものも愛情深く使うことです。普段の手入れや行き届いたメンテナンスは、全体を品よく整えます。そういったものを持つことが自信となってあらわれているのです。自分の持ちものすらていねいに扱えない人が、自分、ましてや他人を大切にできるわけはありませんから。

自分だけが光りたい人は、まわりの生気まで吸いとってしまうものです。自己を本当に生かす人は、他人をも照らすのです。

一点の鞄で全身コーディネートの価値を引き上げる、それは、仕事のチームワークのようなもの

外見に〝昭和感〟を漂わせる苦労人に愛（ファッション）の手を

幼いころから苦労してきた人は、同世代よりも早熟。長年の苦労は外見にあらわれるものですから、実年齢よりも年上に見られることが多いよう。苦労経験から、根気があり、他人の2倍も3倍も我慢してがんばってきた人が多く、何に対しても懸命。本当に苦労して出世してきた人たちはその我慢をひけらかさず、人のせいにすることはありませんから、寛容な人が多いのです。

ただ、年齢より老けて見えるというのはもったいない。男性の場合だと苦労が外見にあらわれていても「渋い」のですが、女性はどうしても疲れているイメージになってしまうので、苦労は内にしまっておきたいところです。

まずはヘアケアからはじめるのがおすすめ。髪にツヤが出るだけで、3歳は若返ってみえます。サロンによっては、化学物質を使わずに髪にたんぱく質を入れる施術をしてくれるところもあるので、たまの自分へのごほうびに受けてみてはいかがでしょうか。化粧は、眉毛には時代感が出るので雰囲気を変えるだけで、あか抜けます。アイブロウ専門のサロンに相談してみるとよいかもしれません。ヘアとメイクが変われば、服は上質のものをさらっと着るだけでこういった人たちは輝きが増します。中身は十分に備わっていて、外見で損をしているだけだからです。

あなたのまわりにはもしかしたら、〝何だかあか抜けない〟感じを漂わせている上司や先輩がいるかもしれません。女手ひとつで子どもを育てていたり、零細企業の社長だったり、大病経験者だったりします。実は、そういった女性からは、人として学ぶべきところが多い。外見に無頓着な傾向があるので、そっと教えてあげましょう。ファッションを応援し、彼女から立ち振舞いや仕事への向き合い方を学べば、お互いに素晴らしい福（服）が舞い降りてくるはずです。

人間、究極は外見よりも中身。中身があるのに見た目で損をしてしまうのはもったいない

女の嫉妬の対処法。外見に凛とした空気感をかもし出す

女性の場合、仕事で同性に足を引っ張られてチャンスを逃してしまう、ということは、悲しいことに割と頻繁に起こります。そのほとんどが、ねたみ根性からきていると覚悟しましょう。人の出世がおもしろくなく、いつまでも自分と対等でいてほしいという自分勝手な人たちの嫉妬が原因なのです。笑顔でいながら、陰で足を引っ張るズルい敵ほど、面倒臭いものはありませんね。そういった人たちは、大人数でかかってくるので、さらにやっかい。仕事だけではなくママ友の世界にも多いです。服装でひとつ目立てば仲間ハズれにしたり、グループの連絡からハズしたりするいじわるな女性は、今も昔も存在するようです。

でも大丈夫。そういう人たちの共通点は間違いなく「暇人」です。彼女たちの暇つぶしに巻き込まれないためには、凛とあるべきです。ひるまずに何をいわれ

ても涼しい顔でいましょう。外見にもそれを賢く表現。そこに実力が伴うのならば、いずれ暇人もあきらめ、あなたの実力を認めていきます。

もし「孤独」を感じることがあれば、それはまさに成長の証と心得て。無理に周囲に合わせて、結局深い付き合いもできない人間関係を優先するよりは、さっと嫌われ者に立候補してみてください。その覚悟はあなたにただものでないオーラを与えてくれるはず。なぜなら、リスクをとった者にしか手に入らない世界があるからです。

人生にステージというものがあるのだとしたら、こうしたまわりに流されない決意と、しなやかにそこを乗り越えられるためのご褒美が次のステージに上がらせてくれるに違いありません。ステージが上がれば、服もワンランク上の空気感を漂わせるものが似合うようになりますし、あなたのまわりには本当に深い付き合いのできる人たちが集まってくるのです。暇人とはおさらば、です。

嫌われる覚悟を持てば、暇人は去る。
リスクをとったご褒美に最高の出会いが待っている

部下や後輩から憧れられる人の服装には手抜きが見えない

アラサー・アラフォーは人生の風向きが変わるとき。20代で突っ走ってきた人も、若いときのままの行動や服装では立ち行かなくなります。ですが、これをチャンスとみなし、増えてきた後輩たちから人気を集める装いへとシフトチェンジしていきたいもの。

たとえば以下のようなことを心がけてみればどうでしょう。

◆肉付きが変わったからといって「隠す」を最重要視しない

◆シャツはビシッとアイロンをかける。サイズは必ずジャストサイズ

◆パンツスタイルのときはガードルの力を借りて、お尻に立体感を出す

◆存在感のあるアクセサリーで胸元に華やかさをプラスする

◆若者に流行っているアイテムにすぐに手を出さない

◆ペタンコ靴に甘んじない。筋肉を維持するためにもヒールを履いて颯爽と歩く
◆歩き方、姿勢を見直す。腹筋・背筋のトレーニングを欠かさない
◆落ち込んだときこそ、大胆な服を着る

大切なのは、行動も服装も手抜きをしないこと。年齢を重ねれば重ねるほど手抜きは老けて見える原因になります。

本当にどうしようもなく気持ちが前に向かないときだけ、自分がよかった時期の服を着るのもＯＫです。私は、常に過去の自分の栄光は手放したほうがいいと思っていますが、家から一歩も出たくないくらいの精神のときも、人間だからある。そんなときは過去の服に〝助けてもらい、あやかる〟のもひとつの癒しの方法です。新しい服を着るのがいちばんいいのですが、買い物に行く元気もないときもありますから。無心になってワードローブの整理をして心を整え、精気を取り戻すことも仕事のひとつです。

自信は細部に宿るから、自分にルールを課していく
姿勢が悪いままでは貫禄も半減。

服装に公共意識を持つ。場違いな服装はビジネスに溝を生む

謝罪しなくてはいけない場に、個性的なジャケットとミニスカート、厚化粧で行く人はいないと思いますが、どんなに本人が深く反省していても、服装の間違いが更なる失敗を生むことはあります。

メディアで取り上げられるような謝罪会見を見ていても、内容よりその服装が取り上げられバッシングされることはよくあります。人から見た印象というのは、自分で思っているより厳しく考えたほうがいい。謝罪会見後に好感度が上がるのは、服装もヘアメイクも、しぐさも、もちろん会見内容もすべて含めて「メディアを制した」人のみです。服装に申し訳ない気持ちがきちんとあらわれています。

これは、一般の人にも通じること。

服装は、ひとつの大切なマナーです。基本はありますが、マナーは相手によっ

て変わるもの。普段から相手を思いやって、その場にふさわしい対応をすることが真髄。「自分」軸ではなく「公共」であることを意識してください。

謝罪シーンなら、からだにフィットし過ぎない自然なラインの紺かグレーのワンピースやスーツをチョイスして誠実さを。服装の印象が先ではなく、気持ちが先に伝わることです。「相手が求めていること」と「自分と相手との関係」を加味してはじめて、その場にふさわしい服装ができあがるのです。自分のミスを謝罪しに行くのか、部下のミスを謝罪しに行くのかでも微妙に異なりますね。

ただ、「服装だけ」という安易な考えでは相手に失礼です。「礼節が人を作る」という言葉があります（オックスフォード大学ニューカレッジ創立者ウィリアム・オブ・ウィカムの言葉）。場違いではない服と、姿勢、態度、言葉遣いがすべて合わさったときにはじめて、最高の形で想いは相手に伝わります。「その場しのぎ」の考えでは、わざとらしくなってしまうのです。

身だしなみを整える、それはただ外見だけに気を配ることではない

面接など、個を立たせるシーンでは、あえて王道からハズしてみる

ロングヘアをばっさりと切り、ショートヘアにしてから人気が出てきたという女優さんはとても多いですね。これは、あえて王道からハズすことで個が立ってきた結果。王道スタイルで安心するということはベストとはいえません。その人以外に代わりがいるということなのですから。せっかく出会いの場があっても、印象が浅く忘れやすいのです。

面接やプレゼン、商談など、自信があって、絶対に勝ちたい勝負のときには、あえて王道からハズしていくことで、ライバルに差をつけられる勇気も持ちたいものです。

私は会社社長という立場上、入社希望者との面接を行うことがあります。どういう人が印象に残るか。正直、何度も聞いたことがあるような言葉でのやる気表

現ではまったく魅力を感じません。いい大人が「がんばります」では箸にも棒にもかかりません。「いい人止まり」では、一緒に仕事をしたい、採用したいという気持ちにはならないのです。

ある顧客の女性の話です。倍率がとても高い面接に挑むとき、私はひとつだけ、「いい人になる必要なんて1ミリもない」ということをアドバイスしました。彼女はそれを聞いて驚いていましたが、実際、その難関面接に勝利しました。25名のグループ面接で面接官が5人、という構図だったようなのですが、ライバルの受け答えを聞いていて彼女が感じたことは「みんないい人でやる気がある」ということ。そこで私の言葉を思い出し、1／25として覚えてもらうためにはどうしたらいいかを考えたそうです。

面接官の立場からすると、全員いい人でやる気があるなら、誰かを落とす方法ではなく、そのなかから際立った誰かを「選ぶ」という方法をとります。ライバルたちを観察していると「絶対に入りたいからがんばります！」ということのみを少しだけ言葉尻を替えて伝えているだけ。それに気づき、彼女は「あなたはどういう人ですか」という質問に、あえて短所を伝えました。すると同じような答えに飽きていた面接官の心が動いたことに気づいたといいます。似たような人たちを大勢集めるよりも、この人をひとり入れることで刺激的で新しいことができるかもしれないと印象づけたのです。もちろん具体的に何ができるか、その実績もあるということもしっかり伝えたうえで、ということが重要なのですが。

彼女は結果発表後、服装も決め手になったといわれたと教えてくれました。「目立つわけじゃないけど何か印象に残り、発言とともに期待が持てた」と。

服装だけ「人と違っていそう」に見せて中身がない人は問題外ですが、これは、恋愛でも同じことです。本当に選ばれる人になるためには、モテ服なんてものに安心せず、「私はこういう人」という〝らしさ〟を持ち、いい人を卒業したときにはじめて「自分にはこの人しかいない」という唯一無二の出会いが訪れることでしょう。

王道からハズすリスクを負うことで得られる成果は大きい

ファッションから「不特定多数」を卒業しよう

一線を画した存在感と出会った人をハッとさせる魅力。それは〝出る杭は打たれる〟対象になることを超えてきた人にしか、手に入れることはできません。前述のとおり、自分の存在感をアピールするにはリスクを伴います。でも、出る杭に実力が伴っていれば切り抜けられる。そのための努力を怠らなかった人だけが、周囲から際立ち、輝けるのです。

私の顧客に性同一性障害の人がいます。外見は男性だった彼は「本当の自分を隠して生きている。政近さんに会えばカミングアウトの勇気がもらえる気がする」と、サロンを訪れたのです。今では女性として生き、職業もそのことを生かせる道を選び、同じ悩みを持つ人たちの希望となっています。

出会ったときは、ある意味自分を偽り、男性としてサラリーマンの群れに入り隠れて生きていた。でも今は、自分にしか歩めない人生を進んだからこそ、唯一無二の存在として輝けるのです。そんな彼の道も、はじめの一歩は、女性らしい服を着ることからでした。

無意識に「不特定多数」のひとりで甘んじてはいませんか。

全員が当たり前にネイルに凝っているなら料理や家事を毎日している自分はあえて短い爪でナチュラルにいく、ざっくりした服が流行っていても運動してスレンダーな体型を維持している自分はあえてからだのラインがわかる服でいく、など。それは発言ひとつとっても同じです。似たようなことを伝えるのでも他者とはひと味違う切り口で伝える工夫をしてみましょう。それだけで、あなた自身が際立ってきます。

ほかの人や周囲の常識に無理に合わせない自分を作っていけば、ちいさな自信もいずれ大きく積み上げられ、ゆるぎないものへとなっていくでしょう。

大丈夫。本物の応援者は群れから外れたときに見えてくる

誰より忙しくても「大変さ」アピールをしない

「調子はどうですか？」「大丈夫ですか？」そう聞かれる前から「オールＯＫ」を演じるくらいがちょうどいい。「調子はいいです」「今日も元気です」「おかげさまで準備万端です！」と、自分からそう思い、振舞うことで、期待を裏切らないオーラを纏えるのだと思います。

けれど、まぁまぁ元気なのになぜか体調不良アピールをしたがる人は結構多いですよね。そういった人は自ら不幸を呼び込むので、仕事もイマイチ。「体調が悪いことをわかって！」というマイナスのオーラを纏ってしまうから、まわりの人たちは「もう、いい加減しっかりしようよ」と思いはじめ、結果評価を下げているのです。今日出社している時点でそこまで悪くないわけだし（笑）、胃腸の調子が多少悪くたって、実際まわりの人はそんなこと聞きたくないのです。「忙しくて大変」アピールも必要ありません。

「調子がいい」そう思って口にすれば、だいたいの不調は吹っ飛んでいくものです。私はこの方法で過去何百回にも及ぶ講演に一度も穴を空けずに登壇してきました。正直、直前まで入院・点滴をしていたこともあります。ですが、それはクライアントにとっては関係ない事情です。

そのつど、服装がその演出にひと役買ってくれました。幾度となく、さっきまで熱で倒れていた人には見えないという「装力」に助けられてきたのです。もちろん「オールＯＫ」という心意気はいつでも持っていましたが。

調子がイマイチなときこそ気合いが必要な服装をしましょう。無理にでも明るい服や新調したばかりの服を着るのです。それで悪い気は吹っ飛びます。周囲の人に余計な心配をかけない人は信頼を得ますから、結局は、健全であることが仕事も人も引き寄せるのです。

服で「オールＯＫ」に見せることで気概を保ち信頼を得る
「装力」とは服の持つ果てしない力のこと。

外見に過度の「がんばり」アピールは不要。「余裕」を感じさせる服装を

年下に人気の女性は、年齢を服装で隠そうとはしません。年齢を聞かれることにイヤな顔もせず、さらりと対応できます。今までの経験と実績がちゃんと自信につながっているので、年齢自体を気にしていないのです。

そんな女性の装いは、アイテムの選び方、小物のつけ方ひとつひとつに大人の余裕が垣間見えるもの。たとえビジネスの場でもどこか遊び心があってかっこいい。社会経験が浅い女性たちには到底敵いません。彼女たちは何度も転びながら、そのつど起き上がってキャリアを手に入れてきました。ファッションもそれと同じように失敗しながら学んできたのです。そうして作り上げてきた〝自分だけのスタイル〟があり、それが空気感となってにじみ出ているのです。それはうわべだけのセンスでは手に入りません。今まで身につけてきた知性が、静かに華を添

えているからこそできる術《すべ》です。

失敗から学んだ術には厚みがあり、会話の内容も深くおもしろい。経験が半端ではない女性には、厳しさのなかにもあたたかさがあるものです。その包容力でエッジィな服でも自身になじみ、シンプルなスタイルでも中身が際立ちます。

NHKの連続テレビ小説で大人気だった「あさが来た」（2015年9月28日〜2016年4月2日放送）。その主人公白岡あさのモデルは実在する広岡浅子さんです。彼女は明治を代表する実業家で日本初の女子大学の創立に尽力した人物。ペンネームは「九転十起生（きゅうてんじっきせい）」。これは彼女の座右の銘でもあり、七転び八起きを超えても何度転んでも起き上がる、どんな状況でも希望を捨てずに挑戦しつづけるという強い意志のあらわれです。「女に教育は不要」とされ、社会進出がほぼ皆無という幕末の時代に、命がけの努力をして走り続け、彼女は女性実業家として名を馳せます。

その壮絶な日々を鮮やかに彩ったのが彼女の服装でした。彼女は、まだ洋服が珍しかった時代に周囲の好奇の目にさらされながらも堂々と晴れやかに洋服を纏いました。これは、動くのが和服に比べてとても楽だった、というおてんばで合理的な性格からともいわれていますが、そこにも強い信念と余裕が垣間見えます。従来の風習などにとらわれることなく、自分の正しいと信じる道を行く、その姿勢は覇気にあふれ、希望に満ちています。

ドラマをきっかけにして現代でもさらに多くの人々のリスペクトの的になった彼女。多くの女性に勇気を与えたことでしょう。歴史上の素敵な女性たちを調べてその行動や、服装のあり方から学んだり、あやかってみようとしたりすることは、服装をはじめ、人生のヒントになるかもしれませんね。

憧れられる女性は、「知的装力」を身につけている。その行動には深みがあり、服装にはスタイルがある

Chapter 2
まとめ

仕事においても服を味方につける。自己中心的な服装から、
服装と公共を意識することで
自分を生かせる仕事を導く。

オフィスで使うステーショナリーや、通勤鞄の選び方から
仕事への向き合い方を読み解ける。
機能で選ぶか、テンションで選ぶかで適性がわかる。

人はお金や見せかけのおしゃれだけではしあわせになれない。
生きがいベースの仕事を持つために
必要とされる唯一無二の存在になる。

部下や後輩に慕われる女性の服装には
包容力と大人の余裕があらわれる。
群れないしなやかさを服装で表現して。

「変わりたいのに変われない」
まずは行動のひとつとして服を変える。

運命のワンピースの見つけ方

どんなときでも対応できるワンピースを一着持つことは、大人の女性のたしなみ

　ワンピースは女性らしさを象徴するもの。本能的に感じるものとして女性らしくあることは、女性として生まれた「自分らしさ」を表現することにもつながっていきます。これは素直な自己表現ともいえるでしょう。一方でワンピースは、男性視点から見てもわかりやすく魅力が伝わるアイテムでもあります（Ｐ１３６参照）。

　体型補整という観点においてもワンピースは優秀。それ１枚着てしまえば成立するように計算されて作られているので、ワンピースは最も体型カバーしやすいアイテムともいえます。

　実は「格式」も上げます。同じ色柄、素材であればパンツよりもスカート、スカートよりもワンピースのほうがきちんとした装いとなります。これはファッションの基本。「きちんと感」があるアイテムを選べば、オンの場だけではなく、着こなし次第でカジュアル感を出すことも可能。もともとラフ感の強いアイテムをフォーマルに昇華することはできませんが、その逆は十分できる。つまり、こその一着を持つことは、いざというときだけではなく、普段のコーディネートの幅を広げることにもなるのです。

　ですから、まず持っておきたいワンピースは合わせるものによって何通りもの着こなしができるシンプルなデザインのもの。仕事帰りにスーツ姿の男性とデートする（Ｐ１２８参照）ときも、ママ友とランチをするときも、合わせる羽織りやアクセサリーで格式を操作できるものがおすすめ。

　ここでは、そんな「女性のたしなみ」ともいえるワンピースを探す方法と心得をお伝えします。

STEP1 大人の女性にふさわしいワンピースを知る

持つべきワンピースの特徴

◆デザイン……シンプルなもの。もしくはワンポイントのあるもの

◆色……黒もしくは濃紺などのダークカラー

◆柄……無地

◆素材……上質なレーヨン素材、ウール素材など通年使いやすいもので、程よい厚みがありボディライン、肉感を拾いづらいもの

◆袖……ノースリーブ

◆ウエスト位置……高めで程よくシェイプされている

◆着丈……イスに座ったときに膝が見えない長さ

◆裏地……付いている

シンプルなダークカラーのワンピースは東洋人をミステリアスに美しく魅せるもの（P180参照）。合わせるアクセサリーなどによってさまざまなシーンで対応できます。ひと口に黒といっても光の当たり方による色の違い、素材による見え方の違いがあります。自分の肌に合う「黒」「ダークカラー」を見つけ出すと、より美しくみえます。

ノースリーブは春夏シーズンも出番があり、秋冬ではその上に重ね着しても腕がもこもこしないのでおすすめ。インナーにシャツやタートルネックセーターを重ねることもできます。どうしても腕を出すことに抵抗がある場合は、程よく肩のライン〜上腕をカバーするフレンチスリーブを選んでも。

また、ウエスト位置は重要。ダボっとしたもの、ストンとしてストレートなものよりもウエスト位置がわかるもののほうが女性らしく、きちんと感があるので基本の1枚として使いやすいです。大人の女性ならミニ丈はさけ、膝の位置を中心としてベストな長さを見つけるとよいでしょう。必ず試着のときに座ってみて、着丈だけがネックとなる場合はお直しも検討を。素材の厚みは、下着のラインが響かない程度あるとよいでしょう。

自分の体型や顔立ちに合うワンピースを選ぶ

以下のテストより自分のタイプをチェック

Q1
あなたの輪郭と顔立ちは、次のうちどれですか。いちばん近いものを1つだけ選んでください。

◆丸顔……a
◆角張っている（エラが張っている）……b
◆あごがしっかりしている（下唇からあご先までの距離が長くがっしりした印象）……b
◆あご先が尖った細くシャープな輪郭で、顔立ちが左のイラストのⅠかⅣの印象……c
◆あご先が尖った細くシャープな輪郭で、顔立ちが左のイラストのⅡかⅢの印象……d
◆たまご型でなめらかな輪郭で、顔立ちが左のイラストのⅠかⅡかⅣの印象……c
◆たまご型でなめらかな輪郭で、顔立ちが左のイラストのⅢの印象……d

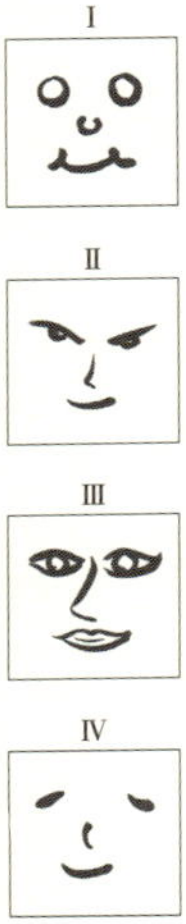

Q2
あなたの体型は次のうちどれですか。いちばん近いものを1つだけ選んでください。

◆ふっくら（全体に丸みのあるふくよか）タイプ……あ
◆がっしり筋肉質または骨太……い
◆平面的で華奢〜普通体型で身長が164cm未満……う
◆平面的で華奢〜普通体型で身長が164cm以上……え
◆上半身に厚みがあり腰位置が高い逆三角形タイプ……お

診断方法
左ページの表でQ1とQ2の結果が交わるところがあなたのタイプです。ワンピースのシルエットは大きく3種類に大別されます。体型的な特徴、顔立ちの持ち味から似合いやすいワンピースのシルエットを導き出します。

STEP2

d	c	b	a	Q1 / Q2
A	A	A	A	あ
B	B	B	A	い
D	C	C	A	う
D	C	D	D	え
E	E	B	E	お

A. キュートタイプ

かわいらしい印象で年齢よりも若く見られがちな、親しみやすいタイプ。左の「ハリ感ありAラインワンピース」が似合います。

B. ワイルドタイプ

サバサバしていながら、あたたかさもあり、頼れる印象を周囲に与える姉御タイプ。次のページの「カシュクールジャージXラインワンピース」が似合います。

C. ノーブルタイプ

女性らしさと知性を感じさせます。やさしげで和やかな印象が強いでしょう。次のページの「ハリ感ありIラインワンピース」が似合います。

D. クールタイプ

キリっとシャープで、かっこいいイメージを持たれやすいハンサムタイプ。次のページの「ハリ感ありIラインワンピース」が似合います。

E. オリエンタルタイプ

華やかで、ミステリアスな色気を感じさせる東洋美人タイプ。次のページの「カシュクールジャージXラインワンピース」が似合います。

キュートタイプに
おすすめ

ハリ感あり
Aラインワンピース

＊

アルファベットの「A」のように、身頃はタイトに裾に向かうに従って広がっていくシルエットの「Aライン」ワンピース。キュートタイプは顔立ち、もしくは体型シルエットの丸みが持ち味で、やわらかい印象を与えやすいのですが、Aラインは丸みをカバーしながらも、かわいらしさを生かせます。

選ぶワンピースは、厚みとハリ感のある素材で、胸元にダーツが入り、胸元からウエストラインを立体的に見せるデザインを。特にサイドからのシルエットは重要です。試着の際は、おなかやお尻のラインが美しく見えるか、必ず横から見てチェックしましょう。

Aラインは、ウエストがキュッと絞られ、スカートが裾に向かって広がるシルエットなので、着やせ効果も抜群。裾から覗く脚もキレイに見せてくれますよ。

襟はスクエア型もしくはVネックがおすすめです。

ワイルド・オリエンタルタイプに
おすすめ

カシュクールジャージ

Xラインワンピース

✳

着物のように前身頃をクロスさせた「カシュクール」デザインと、アルファベットの「X」のようにウエストに絞りが入ったシルエットの「Xライン」ワンピース。ワイルドタイプ・オリエンタルタイプは　上半身にボリュームが感じられやすいことが共通点なので、Xラインを意識することで、メリハリボディに仕上げましょう。さらにカシュクールになった深めのVネックは、グラマラスなバストラインをすっきりと見せてくれます。素材は、ジャージ素材がおすすめ。きれいな落ち感があるので、下半身のボリュームも自然にカバー。Q1の診断結果が「a」になった人は、大ぶりのネックレスをプラスすると目線が上がり、バランスよく仕上がります。

ワイルドタイプは特にウエストのメリハリを意識しましょう。カシュクールタイプのワンピースには、リボンが別布になっている場合もありますが、あえてセットのものではなくレザーやベロアなど別のベルトを合わせ、ウエストの絞りを主張すると◎。

オリエンタルタイプはスカートのスリット切り替え部分からレースや差し色が覗くデザインがおすすめ。脚の縦ラインを強調して脚長効果を発揮します。

ノーブル・クールタイプに
おすすめ

ハリ感あり

Iラインワンピース

✳

アルファベットの「I」のように細く長いシルエットの「Iライン」ワンピース。ノーブルタイプ、クールタイプの人は華奢〜普通体型を生かし、縦長のシルエットを作りましょう。ハリのある厚手のウール素材で、ウエストシェイプがあるストレートシルエットのワンピースがおすすめです。

さらにクールタイプは長身を生かして、裾がアシンメトリーになったものや素材切り替えになった個性的なものを取り入れると、モード感を加えられます。Q2の診断結果が「え」になった長身の人は着丈が長くても似合いますが、間延びして見えることも。ウエストラインにメリハリあるデザイン、詰まり過ぎていない襟元のデザインを選んで、全体のバランスをチェックしましょう。襟は、Vネックが似合いやすいです。

ノーブルタイプはUネックが似合いやすいですが、より個性をプラスしたい人はボートネックもおすすめです。横に長い首のラインが鎖骨に目線を集め、華奢さが引き立ちます。また、なで肩もカバーできます。Q1の診断結果が「c」となった人にもおすすめ。

STEP3 いざ買い物へ! 試着してから決める

買い物時のポイント

◆**合わせたいアイテムを着ていく（インナー類や羽織り、靴など）**

仕事用のワンピースを買うのに、スニーカーで買い物に行くのはNG。着こなしはトータルコーディネートとして考えて、合わせて着たい靴やシャツを着て行くこと。持ちたい鞄で出かけるとなおよしです。

◆**行き先はまずいつもよく行くお店から**

普段アウトレットがメイン、という人がいきなり百貨店に行ったとしても、慣れていないため迷ってしまいます。いつもよく行くところでベストなワンピースを探すところからはじめてみましょう。アウトレットとひと口でいってもどんなブランドが入っているか、アイテムの特徴はどんなものがあるか、目的とターゲットを絞ることで店舗やブランドを見る目が養われていきます。カジュアル感よりもエレガンスさの強いブランドに。

◆**予算にとらわれすぎない**

すぐに値段のタグは見てはいけません（P174参照）。かたちや素材感をしっかり見てから確認して。値段ばかりにとらわれていては、素敵な一着を見逃してしまう可能性も。予算オーバーなら、無理して買わずに少しお金を貯めてから買いに行けばいいだけのことです。

◆**試着は必須!!**

見ているだけと、着てみるのでは印象が異なるもの。マネキンが着ていて素敵だと思っても、いざ自分が着てみるとまったく似合わなかったという経験もあるはずです。販売員さんに配慮はしても遠慮は無用。素敵だと思うものがあったら、きちんと試着するべきです。

◆**一回の買い物で決めなくてもよい**

一度ではなく、合わせたいアイテムを着て同じお店に何度か通うことだって検討して。そのうちにお目当てのアイテムが売れてしまったとしたらそれは縁がなかったということ。販売員さんとのコミュニケーションも取りながら上手に買い物をしましょう。何度か通ううちに新たな入荷もあるかも。

試着時のチェックポイント

◆**大きな鏡でチェックする**

試着室から出て、大きな鏡でチェックすること。試着室の鏡では、照明も暗く近すぎるので、客観的な判断ができません。合わせたい靴を履いて、いろんな角度からしっかり眺めてみましょう。細部にとらわれすぎて全体のバランスを見ることを忘れてはいけません。

STEP3

◆横・後ろ姿のチェック

正面だけでなくサイドや後ろ姿もしっかりチェック。横からみたときのウエストラインはどうか(ぽっこりお腹が目立っていないか)、脚のかたちはどう見えるかが重要なポイント。特に裾のデザインがアシンメトリーになっているものなどはいろんな角度から見てみて。

◆座ってみる

立っていたら膝くらいの丈でも、イスなどに座ってみると膝が見えることも。膝が見えすぎると動きが制限されたり、品格に欠けて見えますから、試着の際は座って確かめることも大切です。

◆自分のサイズの思い込みは捨てる

「9号」「Mサイズ」などという記号にしばられてはいけません。ブランドが違えば同じ「9号」でもサイズ感は違うのです。これ、というワンピースが見つかったら、前後サイズ(できれば3サイズ)を着てみて見え方の違いを確かめ、しっくりくるものをチョイスしましょう。実際、ワンサイズ大きいほうが、すっきり痩せて見えることもあります。

◆色違いも着てみる

黒を買うにしても、色違いがあるならほかの色を試してみるのもおすすめ。黒ではわかりづらかったシワの入り方やデザインの見え方も、色が違うと見えてくることもあります。

運命のワンピースと出合うには……

足を使って探す。手を使って触れる。からだを使って試す。
自分の「似合う」の先入観は捨て、
行動範囲を広げた先に、運命の一着はある。
いろんな人を思い浮かべ、他人と〝かぶらない〟印象に見えることを意識。
かといって個性強調ではないデザインを選ぶ。

Chapter 3

服から手に入れる最高の恋愛と結婚生活

「可もなく不可もなく」の服ではたったひとりの男性に巡り会えない

婚活中の女性にどんな男性がよいか聞くことがありますが、「年収はそんなに多くなくてもいいけど苦労しない程度で、やさしい人。できれば子ども好きで、一緒に家事をシェアしてくれる人、身長は高いほうがいい……」なんて答えが返ってくることがあります。とにかく条件が多く、自分のことは棚に上げています。それでいて「理想は高くないんです」というのですから、客観視もできていません。「イエス（白）ともノー（黒）ともいえない」従順そうなファッションでデートに出かけます。その割には待ち合わせをしたカフェで注文するメニューではしっかり自己主張（たとえば、相手は「ブレンド」を頼むのに、「オーガニックカフェインレスコーヒー」など時間がかかるものを頼む）からややこしい。これは男性に「面倒臭そう」と思わせてしまうスタートです。

服装で間口を広く見せている女性ほど、実は男性に対する注文が多いのです。デートをしていても「もっと素敵なレストランがよかった」「もっとエスコートしてほしかった」など、厳しく審査。口に出さないにしても、相手は態度で気づいています。相手もそんな女性とデートしても疲れるだけでくつろげませんね。

不要なところでの自己主張は相手を考えさせます。「こだわりが強過ぎる人で、口うるさそう」「お金がかかりそう」と相手に思わせてしまったら、スムーズに結婚なんてできないのです。

先ほどの例でいえば、カフェでは男性が注文したものに「私も同じもので」と、さりげなく相手を立てる姿勢が美しいです。待ち合わせしたカフェでの目的は会話をすること。変にこだわったドリンクを飲むことではないでしょう。

最近は共働きで一緒に家庭を作っていきたいと思っている男性は増えていますから、こうした気遣いに心惹かれる男性は多いです。今どきセレブ婚や寿退社を夢見ている人は化石に近いと思いますが、かといって男女の区別なく振る舞い過ぎるのも結婚を遠ざけるということに気づきましょう。

素敵な男性はもともと倍率がとても高いのです。若さで勝負できなくなったら、ほかの女性より選ばれるための〝何か〟を持っていなくてはいけません。つまり中身の充実です。

しかし、男性のスペックにこだわる女性ほど、外見など目に見えてわかるところだけを磨き、不特定多数の人にひっかかるように化けてしまいます。若さや外見だけなら、本当に若い女性に適うことはない。そう心得ることから年齢に応じた気遣いや品性はにじみ出てくるもの。互いを労わり合い、愛し合える相手に出会うための努力とは、若さに執着することとは逆の努力にあるのです。

本当に釣り合う男性に出会うには自分を棚に上げない。相手を思いやる心が大切

〝モテ服〟〝愛され服〟などは幻想。そもそも存在しません！

誰かに「愛されたい」と思うなら、その人をまず愛することです。愛され〝たい〟、愛して〝ほしい〟精神からの卒業が大事。自らが与えていく、幼稚ではない自立が大切です。ですから、ある服を着るだけでモテたり、本当に愛されるわけがない。ただの幻想に過ぎないのです。

愛するということは、自分軸ではなく、相手軸で相手のことを思うことにあります。大切な人に誕生日プレゼントを選ぶとき、相手の趣味を考えながら、何を贈ったら驚き、そして喜ぶのか考えながらいくつも店をまわりますよね。ファッションもそれと同じなのです。

自分をかわいく見せる、自分のスタイルをよく見せる、そんな自分軸だけではいけません。どんな服を着ていったら相手が喜び、相手との調和がとれるのか、相手軸で考えて準備するのが正解です。

自分はこういう人と〝伝える〟服ではなく〝伝わる〟ことを意識して選びましょう。「あなたに興味を持っています」ということが素直に伝わるといいですね。そのためには相手を知ること。相手の趣味・嗜好を少しでも理解しようとして、共通の趣味があればそのことをニオわすアイテムを着用しましょう。スポーツ好きでアクティブな人ならヒールではなくスニーカー、クリエイティブな人で美術などが好きならピンバッヂやアクセサリーなどで少し興味のあることを表現する、カルチャーに精通していて音楽や映画が好きな人なら、古着や一点もののアイテムを取り入れて少しマニアックな雰囲気を出すなど、「伝わること」を意識しましょう。

相手のことを思いやって服選びができるようになれば、おのずと会話も弾み、大切にされるのです。それは媚びるとは、まったく違う次元なのです。

装いで相手を思い、愛すること＝「装思装愛」で服を選べば結婚は急激に近づく

男性に準ずる、これが洋服の基本

仕事帰りにデートをするとき。男性がスーツなのに、女性は超カジュアルというカップルは平日夜に街を歩けばたくさんいます。女性ひとりだけ見ればおしゃれともいえるのですが、ふたり並んだらしっくりきませんね。男性がスーツスタイルだと行けるレストランの格は上がります。男性のドレスコードが高ければ、実は女性は遠慮なくおしゃれを楽しめるというメリットもあるのです。

洋服の基本は男性に合わせること、にあります。これは世界共通。〝準ずるからのおしゃれ〟なのですが、最近の日本ではその逆も多く見られます。女性だけがきらびやかでおしゃれなパターン。まるで女性に従っている感じです。せっかくおしゃれをしてきたのに、男性がラフ過ぎて残念に思ってしまったということは、女性なら誰しも経験があるのではないでしょうか。

相手がスーツだとわかっているのなら、それ同等のファッションを。ビジネススーツはフォーマルスーツではありませんから（ビジネススーツを結婚式に着て行く男性も日本には多くいますが、それはNG）、気張り過ぎないワンピースにカーディガン程度がバランスがよいといえるでしょう。

スーツを着た相手が連れて歩いても恥ずかしくない服装。たとえば彼の上司にばったり会ったときに気持ちよく紹介できる服装、もっといえば、紹介した彼の株が上がるようなものだとなおよいでしょう。どんなに美人でスタイルがよくてもその美しさを自慢するような派手さは必要ありません。ナチュラルにどこかきちんと感を残したスタイルであることが重要。服装で、男性に合わせるということは、隣にいる男性そのものの価値も上げるということなのです。

何事も基本の「キ」を知っているということが大切。もし相手が無頓着だったら〝さりげなく〟教えてあげて、女性が育てればいいだけなのです。

服装に格差があるのは不自然。見た目の違和感をなくすことは、お互いの価値も上げること

大人の恋愛がしたいなら誰かの受け売りファッションは卒業する

10代や20代前半は多少の失敗や浅はかさも、ある意味若さで許されます。しかし、30歳を過ぎてもモデルやタレントのブログやSNSを見て、ブランドをチェックすることが趣味になっている人は危険です。日課になってしまうと、どんどん自分がなくなり、会話までがどこかで聞いたペラペラの受け売り話ばかりになってしまいます。

アラサー・アラフォーにもなると、これまでの経験や知識が外見に溢れ出さんばかりの内面の魅力で勝負していかなくてはいけません。誰かのマネや流行を追ったり、情報をなぞったりすることで得られる「自己満足からの卒業」が絶対に必要です。そうしなくては、素敵な男性は去っていってしまうでしょう。

「あの有名なモデルが着ていた服を着ている私はおしゃれ」「これが流行ってい

るから大丈夫」という表面的な思考の女性に対しては、男性は軽い興味しか持てず、魅力を感じません。

興味を持たれるには「引き出し」を感じさせること。ミステリアスな〝ナゾ〟の部分を残しながら「もっと知りたい」と思わせることです。それはギャップ（意外性）にも似ています。すごくサバサバしていてスポーティーな雰囲気なのにお茶の作法が身についている、などは「この子は今までどんな生活を送ってきたのだろう」と興味が湧くものです。歴史好きなどもそう。しかしそれは一夜漬けでのネット情報ですぐ手に入るような、浅い知識では響きません。何かを極めている人に、人は興味を持つのです。うわべだけの知識で保てるのは20代までと心得ましょう。

男性が開けてみたい引き出しは「人マネではないあなただけが持つ魅力」であるはず。どこかに自分との共通点を探しているのかもしれません。

大人の女性に必要なのは、「相手の話を聞く、相手を飽きさせない」引き出しの多さ

「セクシー」は最大の褒め言葉。日本人は「かわいい」を引っ張り過ぎ

決して「かわいい」の否定ではありません。「かわいげ」がなくなってしまっては女性としてNGですから。ですが、日本人女性は、かわいいことを重視し過ぎて何歳になってもその習慣を引きずってしまっています。これが問題。

スタイルでは外国人女性のセクシーさには追いつけないでしょう。でも、しぐさや立ち居振る舞いでの表現、マナー、アーモンド形の切れ長な目の動かし方などで、日本人も十分セクシーさを感じさせられます。

実は、「私をわかって！」と自己主張の激しい外国人女性よりも、人の話を頷きながら聞く日本人のほうがセクシーだったりするものです。足先から背筋、首筋、指の先まで神経を行き届かせて、相手の話を聞くことができるなら、日本人女性はとてもアンニュイで艶っぽい。

しかし、肝心なのは相手なくしてこの所作は鍛えられないということです。「もう何年も彼氏がいないんです」「本当は好きじゃないけど、〝一応〟彼氏はいます」などという人がいますが、そういった環境のなかで全神経に美しさが宿ることはありませんから、セクシーさが身につくはずもないでしょう。

そして、女子会ばかり行っている人もセクシーにはなれません。なぜか日本人の女性同士ではセクシーさがタブーだったりするものですから。

服装でいえば、単純な露出は単に浅はかなだけ。エロさはあるかもしれませんが、セクシーではない。知的セクシーにはむしろ、潔さ、かっこよさがあるものです。ピンクよりも真っ赤な口紅、ヒラヒラよりもタイトなシルエット、ゴージャスグラマラスよりもミステリアスなオリエンタルを意識しましょう。

着物や浴衣は、日本人の艶やかなセクシーさをあらわすにはもってこい。ぜひ日ごろから取り入れてほしいと思います。

セクシーさを出すには、現実的に相手あってこそ鍛えられる

#「隙がない」といわれる人ほど、「隙」を味方に

「隙がない」といわれることに悩む女性は多いですね。「隙がない」というのは10代の女子なら価値。高嶺の花としてモテる時期です。しかし、アラサー・アラフォー女性に向けられる場合は、「チャーミングさがない」「仕事がデキ過ぎて怖い」といった、まったく別のベクトルで使われる場合がほとんど。

大人の女性の人気という意味では、異性に限らず隙があるほうがモテます。私の顧客に「隙がない」といわれ続けてきた女性がいます。服装もどこから見てもキャリア系でキマっていて、身だしなみも完璧。賢く、教養もあります。男性たちには「近寄りがたい」という印象も持たれていましたが、そんな彼女の印象をがらりと変えるできごとがありました。

ある日、カラオケ大会があり、彼女はもともと「大事な仕事があり、行けるか

どうか微妙」という返事でした。開始時間も過ぎ、「いつも時間に正確な彼女だから、時間に間に合わないなら来ないのだろう」と、誰もが思っていたところ、1時間ほど遅刻してやってきたのです。それだけでみんな驚いたのですが、はじめに選んだ曲がアイドルソング。

その場にいた男性たちからは「ちょっと興味が湧いた」と好印象だったのです。デキる女性と知っているからこそ、その意外性で距離はぐっと縮まりました。なにより、事前に行くか行かないかを常にハッキリさせる人が「行けたら行くね」という曖昧さを感じさせたことで、隙ができたのです。

ギャップは見せようとして見せられるものではありません。服装だけでもギャップは表現できますが、まず普段の行動での信頼性を高めることが大切。抱かれた近寄りがたさも決して悪くはなく、むしろ印象としてはよいくらい。それがふっと崩れて見える瞬間に見る人はギャップを感じ、魅力はぐんと増すのです。

意外性が「隙」を作る。ただ、効果的に働かせるためには普段の信頼関係があってこそ

女がスーツ姿の男を好きなように90%の男は、ワンピースが好き

「女性のワンピース姿に惹かれる」という男性は多いようです。それは男性には着られないもので、女性の象徴だから。着ているだけで女性らしく感じるようなのです。「男性が女性に着てほしい服といえばワンピース（またはスカート）」というのが多くの人の認識でしょう。

確かにワンピースは日本人体型の七難を隠し、エレガントに見せるアイテム。自分の脚をいちばん美しく見せる丈、体型にぴったり合ったサイズ感とシルエットなどを兼ね備えた勝負の一着を持っていると、さまざまな場面で役立ちます。

しかし、その〝ワンピース戦法〟が通じない男性もいます。彼らの多くは、人生経験も多く、色気と余裕があり、女性にモテるタイプ。または、無難に流されない独立心の高い男性です。〝とりあえずワンピース〟でごまかしていると、「お

もしろみのない女性」になってしまうこともあるので注意しましょう。

そういったお目の高い男性は、賢い行動派の女性が好きです。ワンピーススタイルでも毎回新鮮さを感じさせる必要があり、これは中身が伴ってこそできること。大学在学中の就活生が着るスーツ姿と、仕事をスマートにこなし社会的に信頼を得て活躍している女性のスーツ姿はまったく違いますよね。知的さが漂い、それがパンツスーツであっても〝逆にセクシー〟に見えるものです。ワンピースでもそういった着こなしができる女性は、機転が利きます。面倒見がよいので、同性からも憧れの存在となっています。

ただ、品あるセクシーは上級者だからなせるワザ。かわいく見せたいワンピースとは間逆にあるものです。同じワンピースだからこそ、「差」がつくということを心得え、自分にはどのワンピースがよいか考えて選びましょう（ワンピースの選び方・買い方はＰ１１４～を参考にしてください）。

自信が持て、着ると自然に女性らしく振舞える一着のワンピースは、男の夢、女の武器

おしゃれな男は、なにより自分がいちばん好き

服好きな男性は、外見にお金も時間も使っているため、パッと見かっこよく、魅力的ですね。服や髪型が洗練されていると、雰囲気イケメンになれますし、ほとんどの女性はダサい男性よりも、おしゃれ感漂う男性のほうがいいのです。ただ、服だけを好きな男性との会話は、まったく盛り上がりません。彼らにとっては外見のおしゃれさが自分の個性。自分にいちばん興味があるため、会話の幅は狭い傾向が強いのです。

しかし、はっきりいって、モテますね。持って生まれた素材以上に自分をよく見せる術で女性たちの目をくらませ、無駄にモテます（笑）。言い換えれば、とても服の恩恵を受けている人々ともいえるでしょう。

なかにはもちろん、教養や慈しみのある紳士もいますので、ガッカリしないで

ください ね。ただ、非の打ちどころのない彼らはさらにモテますから（本当に！）、ハードルはとても高い。射止めたところで常にハラハラ、心配ごとが増えるばかりかも。

それでも彼らを射止めたいなら、「人間力」を鍛えることが必要です。彼らは、従うだけの女性ではなく、リスペクトし合え、ともに高め合える「人生のパートナー」を望んでいますから。また、外見の美しさには、盛り過ぎないナチュラルさが求められます。

おしゃれな男性に惹かれるのは、わかります。でも、私の経験からいわせていただくと、男性の服装は女性が育てて、行動はリードしてもらうくらいのほうが結婚生活はうまくいきます。女性に服の正しい知識があれば、パートナーをおしゃれにすることも、出世させることもできますから、ダサさは結婚の障害とはならないのです。

服がダサくても問題ない。ファッションは女性が教えて育てても間に合う

狙うなら、オタク系。実は結婚相手として優秀です

ひと言でオタクといってもその分野はさまざまですが、何か特化した分野への造詣がとても深い人を指します。

オタク君は、服より趣味にお金を注ぐため、ファッションや流行に興味がなく、持っている服の枚数も少なめ。第一印象で損することが多い彼らですが、〞のびしろ〟は計り知れません。知識が深いぶん、聞き出せばおもしろい話がどんどん出てきます。何より自分が好きなものには惜しみなく愛情を注ぎ、裏切ることもないので、大好きな女性ができれば、裏切ることもないでしょう。

その情熱を仕事に注げる人ならなおよし。研究職や技術職に多いですが、極めることに喜びを感じるので、仕事もまじめに集中してこなします。そういった姿はどんなファッションであっても少し許せます（笑）。そもそも、偏った分野だ

としても知識が豊富な人は素敵に見えるものですから。意外に彼の知識で、人生の新しい楽しみ方が見つかるかもしれません。

コミュニケーションが不得意な人もいますが、誠実な人が多いです。多少の問題にあまり動じないのも彼らの特徴で、人生に少しお疲れ気味のアラサー・アラフォーの女性を大きく包み込んでくれるかもしれません。案外相性がいいので、第一印象でネガティブに捉えてしまうのはもったいない。

最近、私の長年の顧客の男性が結婚されました。いわゆるオタク代表の彼は、仕事も技術職。立派に結果を出しているのですが、プライベートではなかなか出会いはありませんでした。しかしあるとき、彼の中身を知り、何かを追求する姿に心打たれた器の広い女性が現れたのです。そんな愛らしい彼女のために彼は家を建て、今、ふたりはしあわせに暮らしています。私は彼の深さを知っているぶん、相手の女性に「本当によい人を見つけましたね！」と絶賛したのです。

偏見を捨てれば、新たな出会いが広がる

女きょうだいがいる男性と男きょうだいだけで育った男性では、女性への理解度は異なる

姉と妹に挟まれている、など女きょうだいのなかで育っている男性は、生まれたときから同世代の女性が家にいて、そのことに慣れています。このような男性は、女性に求めるもののハードルがおのずと低くなります。幼いころから部屋を汚す姉の姿や、感情的に怒る妹の姿、だらしない顔で寝ている姉妹の姿を普通に見て育っているため、「女ってこういうもん」と、女性に対して過度な幻想を抱いていていないのです。かといってそれが当たり前ですから、幻滅もしません。特に姉がいる男性は、女性にこき使われることが普通。理不尽な要求にも耐え抜いて育ち、女性の機嫌を損なうと怖いことを知っているため、基本的にやさしい人が多いです。複数姉がいる末っ子は、もはや菩薩のよう（笑）。

そもそも女性に期待などしていないので、恋人や結婚相手が、姉妹ができな

かったことをするとポイントアップ。「すごいね〜」と褒めてくれます。また、女性のおしゃれも当たり前に認め、メイクなどの準備が遅いことにも寛容。女性のリズムがわかっているので結婚相手におすすめです。

ただ妹ばかりの長男、〝よくできたお兄ちゃん〟の場合は要注意。妹たちは兄に憧れ、学校で「お兄ちゃんかっこいいね」といわれる思春期を過ごすので、妹たちにとって兄の彼女は敵。妹より大人っぽい服装を心がけましょう。

逆に、男きょうだいで育っている、ひとりっ子など、家族のなかに母親しか女性がいない環境で育った男性は、女性の基準が母親。女性に対して美化している人も多いです。特に男きょうだいの長男はダイレクトに母親の影響を受けているもので、どこか母親に似ている人を求めてしまうでしょう。服に対しても幻想を抱いている人が多いですね。この場合は、あきらめず、長い目でひとつずつ「女ってこんなもの」と理解してもらうことで、結果的に自分色に染められます。

きょうだい関係で女性への理解度は異なるが、彼の母親と妹とは争わないのが、吉

名刺に職業名がたくさん書いてある男ほど服装はチープ

将来設計もうまくできておらず、努力も伴っていないのに、起業家気取りの男性。一見、意識が高そうに見えますが、能力も人脈も経験も深い知識もなく怪しい男性には下手に近づいてはいけません。百害あって一利なし、なのです。

見抜くポイントは、服装がチープなこと。

一見デキる男風ですが、実績が伴っていないぶん、口先や肩書きだけでごまかそうとします。それは服にもあらわれています。どこかうさん臭く、少し奇抜。サイズ感がズレていたり、素材感が安っぽかったり……。自分の浅さを見た目だけでごまかそうとするので悪趣味です。

また、服装だけがんばっていて、〝住〟の所在がわからない起業家にも要注意。実際住所が立派でも、行ってみるとポストだけで6畳くらいの住居兼事務所だったりします。名刺にたくさん肩書きがあるのに、話していても仕事の実態がわからず、本質が全然見えてこない人ばかり。実際、詐称している人もいますね。言葉にリアリティが感じられないので、人から本当の信頼は得られません。SNSで仲間がいるように投稿していますが、その仲間も同じ「ニオイ」がします。

しかし、近寄られてしまうあなたにも原因があります。近寄られることが多いということは、同じ「ニオイ」がしているということです。あなたも上っ面だけの服装の選び方はやめて、目の前の人は「自分の鏡」と心得ましょう。

もちろんなかにはまじめに生きがいを求め、志をかたちにするために活動する起業家もいます。こういった強い意志のある人は、ある時期はお金がありません。互いに支えていこうという覚悟と、その勇気がある女性と出会うと成功する人が出てきます。この成功とは、単なる裕福という意味だけではなく、人としてリスペクトされ、充実した人生を歩めるという意味も含んでいます。

男女共になんちゃって起業家には実態がない。見せかけの服は安っぽく、漂うニオイも鼻につく

男の靴には仕事や結婚観があらわれる

一流ホテルマンがいちばんに〝見る〟のが男性の靴です。だからといって「高価で誰もが知っている」という理由でわかりやすい高級靴に大枚をはたくのはあまり賛成できません。

しかし、靴に対して意識が高く、スーツよりもバランス的に靴にお金をかけ、メンテナンスを怠らない男性は合格。職人の想いやブランドヒストリー、革の造りなどを吟味して「自分で手入れしたくなる靴」を選べる男性は、仕事においても追求心が高く、社会に貢献するレベルの仕事に就いているケースが多いです。

また、意外かもしれませんが、つま先にかけて細くとがった〝とんがり靴〟を未だに履いている男性は結婚向きです。一時ブームとなったデザインですが、最近では時代遅れ。ダサく、ナルシストっぽく見えるので、女性の評価も低いのですが、ひと昔遅れたものを愛用している男性は、大人になっても付き合いのある幼馴染が多かったり、地元とのつながりが深かったりする〝いい奴〟が多いのです。ちょっと田舎のわかりやすい「マイルドヤンキー」の層。子煩悩で浪費も少なく、家庭を大切にするので、ダサいと毛嫌いするにはもったいないですよ。

靴をしっかり磨き上げている男性は気配りができ、出世する人も多いものです。反対に、靴のかかとがすり減っている、一度も磨いたことがなさそう、という靴を履いている男性はいただけません。パートナーの靴が磨かれていなかったら、あなたが覚悟を持って、毎日磨いてください。いずれその効果を知り、彼も自分で磨くようになるでしょう。実際、私は出世したいとおっしゃる男性のお客様に「セミナーに行くぐらいなら毎日靴を磨いてください」とご提案します。みなさん驚かれますが、しっかり実践された方は出世されます。それほど、男性の靴は見られているものですし、靴磨きには心を磨く効果もあるのです。

パートナーの出世を支えるなら靴磨きを怠らない。そして、あなたの靴も共に磨く

良縁を求めるなら財布の大きさより、心の大きさ

お金をたくさん持っていれば物欲は満たされますが、心も満たされるかといえばそうではありません。心が満たされるためには、「ありのままの自分」を受け入れてくれる人生のパートナーを見つけるのがいちばんだと思います。

誤解してはいけないのはありのままを受け入れてくれるというのは、いうことをすべて聞いてくれる、だらしない自分でも好きでいてくれる、ということではありません。その人と一緒にいれば、自然体でいられるということです。

偽らずにコミュニケーションが取れる、言葉のニュアンスが同じでトラブルが少ない、一緒にいるとニュートラルな状態を保てるという人は、この地球上のどこかに必ずいるものです。そういう相手といると自分が「ラク」でいられます。ここでいうラクとは悪い意味ではありません。自分らしくいられるラクさは疲れ

ず、エネルギーを蓄えられます。

もしあなたが35歳だとして、パートナーを探しているのだとしたら、見つけたいのはこれから50年先まで連れ添いたい相手であることです。結婚は、短期ではない長期戦。人生は山あり谷ありで、数々の大変なことも起こるのが当たり前です。そういったときに必要なのは、お金ではなく、ふたりで解決していくという、パートナーとの深い絆です。

財布の大きさに安心して結婚した人ほど離婚率は高い。これは自分を受け入れてもらえない空しさゆえの結果でしょう。女性が変われば男性も変わるし、その逆もしかり。パートナーはあなた自身なのです。あなたがその本質に興味がない相手なら、相手だってあなたの本質には興味がない。それは女性として不幸です。

わかりやすいスペックばかりで判断していては見えないものは多い。それは服との縁も同じなのです。

服装ひとつ。「ありのまま」の向上の積み重ねは、お金では買えないしあわせな縁をもたらす

一般的にいわれるような条件の先に、最高にヒットする出会いはない

カウンセリングに単なる洋服の悩みだけでいらっしゃる人は、実はほとんどいませんｰ。仕事でのステップアップ以上に「最高のパートナー」を求めて相談にいらっしゃる方が多いのです。なかには、自由に使えるお金があって、仕事もできる人も多く、また、いわゆる玉の輿で結婚された人もいます。そういった人たちと話すたび「人から見て羨ましい状態にあっても、本当の心の奥底にあるしあわせや心の安定はそんな単純なものではないのだ」と感じます。

では、最高のパートナーとはどういう人でしょうか。すべてを「与えてくれて」、あなたの欠けたところを「埋めてくれる」人だというなら、その幻想は捨てるべきです。

そもそも、お互いの心に最高にヒットする何かとは、一般的な条件ではないは

ずなのです。相手に自分の条件をあてはめ、そうであってくれることだけに価値を置く。そして、そうでなければしあわせになれないと嘆く。それでは本当に大切なものを見失って当然です。たとえば「年収〇〇〇万円以上じゃないと不安」、男性なら「女性には結婚したら絶対に家庭に入ってほしい」という。結婚していても相手にブツクサ不満ばかりいう。実は、そういった人ほど、自信がなく、自分を棚に上げることで取り繕っているだけ。自らを省みることもしません。自分が変わらない限り、誰かがあなたのことを最高のパートナーと思うことはなく、あなた自身最高のパートナーを得ることからはだんだん離れていくでしょう。

まずは、他人に自分のしあわせを委ねるような自分を変えることです。

これは服も同じこと。服はあなた自身。服に自分のしあわせを委ねるようでは、服の負担が大きすぎます。お互いの心にヒットする、「あなたに着られてうれしい」と服が思うような人間になることです。

当たり前のことを見失わないこと。誰かに「あなたと出会えてしあわせ」と思われる自分でいよう

本物の淑女は淑女ぶらない

大人の女性が目指したいのは淑女。ガールではなくてレディーです。ではどんな人が淑女なのでしょうか。

淑女に見えそうな習いごとや集まりに行ってはＳＮＳに投稿する人は、確実に淑女ではないですね（笑）。下手で少し知っている人ほど自慢するものですが、淑女は中途半端に見せびらかすこともしません。けれども、いざというときの準備はできています。何かいただいたときにお礼状をさらりと美しい文字と言葉で書き綴ることができたり、家族の取れかけのボタンを素早く付け直すことができたりはするでしょう。それらは淑女にとって特別なことではなく、「日常」のことなのです。

そういったマナーや所作はもちろんなのですが、私は「現代の淑女」になるには、動じない心を持ち、まずは「自分、自分」の精神から離れることが大切だと思います。「見て、見て」「わかって」という軽い表現や、自己中心的な満足ではなく、まずは、何をするにも基本を抑えること。

自分の土台も固まっていないのに、個性を表現したファッション、誰かをマネしたファッションのままでは、淑女とはほど遠いのです。

本物とは質素なもの。存在感をひけらかすことなく、日常の美しさから垣間見えるものです。本当の淑女というのは、基本の生活がしっかりしていて、そのうえでいざというときの準備を整えてうろたえない人でしょう。変に若作りを意識したりもしません。

まず、できるフリをしないこと。できないことには謙虚になり、ストイックに全力で努力を積み上げてみる。難しいことかもしれませんが、「〇〇ぶる」という行為ほど、むなしいものはありません。

淑女になるのに近道はなし。利己的ではなく利他的精神にシフトせよ

出世する男は、男が惚れる。「人情」と「品格」のある女性が妻に合う

男性の出世は女性次第。スーツのパンツのクリースが毎日美しい、ネクタイの結び目が立体的、ジャケットの形が保たれている、など、同性からもかっこよさを認められている男性の妻は、男性を出世に導ける女性です。

「良妻賢母」は共働きが多い時代こそ人気。お互いに忙しく働いているから、こまやかな気配り、ていねいな気遣いなど、「女性」としての力を男性は求めます。

現代の「良妻賢母」とは、危機管理能力に優れ、自立しながらもパートナーシップを忘れない女性だと思います。明日、何が起こるかわからない時代。もしかしたら夫の会社が倒産して、無一文になるかもしれない。そういうときでも夫のせいにすることなく、「私がいるから大丈夫」といえる人。専業主婦をしていたとしても翌日からパートに出かけられるフットワークの軽さを持ち、パートし

ながら国家資格を取ったりできる人です。

間違っても「こんなはずじゃなかった」なんて口にしません。自分の家族のためなら他人にどう思われても構わないと肝が据わっています。正常な優先順位がわかっているのです。ママ友の目や世間体、自分の欲求が先立ってしまうとすぐに離婚をチョイスしてしまいます。一時はラクになるかもしれませんが、それは自分だけ。そこで大切な人、家族のためにひと肌脱げる人には「人情」と「品格」が備わっています。

人情と品格と併せ持つ女性には「包容力」があります。包容力がある、とは、やさしさをただ持つだけではなく、相手のことを心底思って行動できるということです。服装も、自己主張よりも相手とのコミュニケーションを優先します。また、フワフワとした柔らかさではなく、芯が通った賢さや強さも程よく感じさせます。なにより、彼女たちの穏やかな微笑みは最大の武器かもしれませんね。

現代の良妻賢母に必要なのは心意気と包容力。そして、微笑みという最大の武器を纏う

ドレスを着る前に……。婚活成功法は、シンデレラに学ぶ

理想なのは、出会うその日だけではなく、常に「スタンバイOK」の自分を作っておくこと。これは恋愛や結婚に限ったことではないのですが、人生に成功があるのだとしたら、その90％は訪れたチャンスを自分のものにできたかどうかだと思います。

私は、チャンスというのは毎日目の前に転がっているものだと思っています。まず、それに気づくかどうか。そしてちいさなチャンスをコツコツものにして、大きな〝いざ〟というときに勝負に打って出られるかが運命を決めるのです。

いざというときには日々の習慣、からだが覚えてしまっているクセやルーティーンが結果を左右します。昔から箸の持ち方ひとつで、その家のしつけを見極めてきたものですが、限られた時間でその人のことを理解しようとするとしょ

うがないことなのかもしれません。誰しも「この人、食べ方が汚いから、もう一緒に食事したくない」なんて人を判断したことがあるのではないでしょうか。婚活ともなるとその目はさらにシビアに。短期間でその人となりを見極める場だからこそ、日々の積み重ねがものをいうのです。

みなさんもよくご存知の童話『シンデレラ』。シンデレラが王子様に出会い、しあわせになれたのは、苦労しながら毎日をていねいに過ごしていたからだと思います。シンデレラがもし、毎日人が嫌がる掃除をしていなかったら、意地悪な義母や義姉たちのいじめにめげて、やるべきことを淡々とこなしていなかったら……きっと、そのチャンスは巡ってはこなかった。美しい心で日々を整えていたから、チャンスが巡り、王子様にも見初められたのです。

「シンデレラストーリー」として語り継がれるような、苦労から成功を手にした実在の女性たちだって同じです。

彼女たちも、突然降って湧いたようにチャンスが訪れ、なんとなく成功しているわけではありません。いきなり魔法使いが現れたわけではないのです。日々の苦労や努力があって、それに心が動かされ強力な援助者や一生の協力者が現れる。

そしてその人たちが、〝シンデレラ〟に押し上げてくれるのです。自分に恥じることのない毎日があるからガラスの靴とドレスは準備され、馬車が待っていてくれる。そうやってステージに上がっていき、本当の勝負ができるのです。

今行っていることが未来につながる行動なのか、自らをしっかり省みてください。昔から日本には「おてんとう様は見ている」という言葉がありますが、私はこれは本当だと思います。

ただ待っているだけでは王子様からの招待状は届かない。まずはトイレ掃除からはじめよう

ふたりの価値観の違いも服装で埋められる

たとえば、子どもの授業参観日。母親はきれいに着飾っているのに、父親は疲れたポロシャツにチノパン……よく見る光景ですが、こういった夫婦のほとんどは一緒に来ているのに、離ればなれで子どもを見ています。妻はママ友同士でかたまり、夫は教室の隅っこでそっと見ています（子どもの行事にいつも妻だけが参加、というのはもっと残念）。

同じようなテイスト、金銭感覚で服を選んでいる夫婦やカップルは仲よしです。離れていてもふたりがペアだとわかるもの。一緒に買い物に出かけて選び合えるのが理想ですが、女性だけがおしゃれで着飾っているというケースが多過ぎです。相手が服に興味がまったくないからといって自分だけがおしゃれというのは問題ですね。パートナーのために、まずは少し歩み寄りましょう。

妻がきれいでいることを嫌がる男性はいないでしょうし、夫も少しおしゃれにしてくれればうれしいというのが妻の気持ちなのに、それらを伝えずにあきらめてしまっては溝は深まるばかりです。

解決方法のひとつとして相手の趣味に付き合ってみましょう。ランニングが趣味の彼なら、あなたは走るのが苦手だとしても、挑戦してほしいのです。まずは、ふたりでおそろいや色違いのランニングシューズを買いに行くことからはじめ、それを履いて走れば楽しみを「共有」していることを実感しやすく、夫婦の関係に一体感が出ます。相手が喜ぶのはもちろんですが、自分もうれしくなり、世界が広がるでしょう。

それが難しそう、という場合は、おそろいのパジャマでもいいのです。着心地のよいシンプルなパジャマは、いつも「ジャージでいっか」というパートナーにとっては目から鱗の感覚です。まずは家のなかからスタートしてもいいですね。

夫婦関係も夫のファッションも、あきらめたらそこで終わり。まずは妻から歩み寄るべし

夫婦はバランス。釣り合って見えるかがカギ

ふたり並んで違和感のない夫婦やカップルとはどういうものか。それは第三者の目から見て「釣り合っているか」にあります。それには服装も大きく影響しています。

お似合いだと思うふたりは、客観的に見て（たとえ初対面だとしても）「やっぱりこの人には、この人」と納得させられるものがあります。ふたりから醸し出されるものすべてが、〝しっくり〟きているのです。ですから、ご夫婦でのスタイリング依頼には、必ず「おふたりで来てください」とお願いしています。

子どもの参観日などで、ベストバランスな夫婦がいると、その日の夕食時に子どもたちから「○○ちゃんの家のお父さんとお母さんって仲よしだよね」や、「お似合いだよね」といった感想が出たりすることがあります。意外に子どもは、

夫婦の間に漂う空気に敏感に反応しているのです。

こんなときもあります。「○○ちゃんちのお父さんっていわれるまでそう見えなかった！」「おじいさんに見えた」など、笑えない会話になる場合も。「そんなこと気にすることない」なんて、いっていられませんね。

私は、服装から離婚危機を脱した夫婦を何組も見てきましたが、パートナーにどこか違和感を抱き、お互いに期待をしていない夫婦は、あまり仲がよくないのです。まずは、思いやりを持って「あなたが素敵にしてくれると、私もきれいでいたくなる」と勇気を持って伝わるように話してみること。そしてたまには夫婦でデートをしましょう。照れずに手をつないでみると相手も「ちょっとくらいおしゃれしてみようかな」と素直に聞き入れてくれるものですよ。

お互いが「こうあってほしい姿」でいることは、夫婦の思いやり表現のひとつ。

これはもちろん、恋人同士であっても同じです。


子どもにとっても、素敵で仲のよい父と母は自慢である。体型も含めて外見から仲よしが家族円満のヒケツ

パートナーが帰りたくなる家を作る

若い夫婦で、たとえお金に余裕がなくてもお互いの趣味をほどよく調和させた部屋を作っている夫婦は好印象。ふたりで一緒に選んで部屋をコーディネートしていくことで、夫婦が居心地のいい家＝帰りたくなる家を作り上げており、来客も多いのです。目にするもの、触れるものに対してのアティチュードが似ていて、服や食を含め、「衣・食・住」の価値観を自然に認め合っているといえます。

パートナーが仕事で本領発揮するために、おすすめしたいことは服だけではありません。結婚してすぐは無理でも、近い将来、夫の部屋を確保しましょう。自分より夫のスペース優先で考えること。どんなに狭くても、リビングの端のほうでもいいのです。〝自分の城〟と呼べるスペースを自宅に作ってください。これは男性のアイデンティティーを保つためには必要なこと。家庭のなかで居場所がなければ落ち着かず、家以外でリラックスできる場を探してしまうでしょう。

男性は自分の書斎に憧れを持っているもの。自分の書斎を持つと、今まで興味のなかった靴磨きやアイロンがけもそのスペースでやるようになる人もいるくらい。家に早く帰るために、仕事の効率だって上がります。

また、相手に自分には理解しがたい趣味があっても、女性はその聖域に足を踏み込まないのも愛情。私の夫は若いころミュージシャンでしたが、就職を機にサラリーマンに。その後さまざまな職を経て50歳過ぎから音楽を再開。写真業も加わり今ではアーティストとしても活動しています。彼の部屋は私の想像を超える数のギターとカメラで埋め尽くされていますが、文句をいったことはありません。むしろそういうストイックさがない人だったらとうに飽きていたとさえ思います。

女性が強くなり過ぎて、肩身が狭そうな男性も多いですが、家庭でもそうだとしたら本来の力を発揮するのは不可能。家事も「共有はＯＫ、強制はＮＧ」です。

女の価値観だけで家庭を作るべからず。男の聖域に女は足を踏み入れてはならない

愛されている女性はすべてに満たされている

どんなにハードな毎日でも、誰かに大切にされ、愛されている女性は外見に疲れなどないものです。それに、忙しい人ほど、恋愛や夫婦生活も楽しんでいます。心の余裕と安定した女性ホルモンで女性は、髪のツヤや肌のキメなど、もともと持って生まれた素材が自然に喜び潤います。もちろん年齢とともに衰えはありますが、上質なメンテナンスで現状をキープし、衰えをゆるやかにしているのです。そのいきいきとした素材があるので、疲れを服でごまかすという必死さもありませんね。

肌質の悪さは心の疲れとストレス。抜け毛や髪のパサパサは日々にゆとりがなく、女性性が弱まっているサインです。

パートナーは親よりも人生を共にする時間が長く、縁が深いにもかかわらず、お互いをリスペクトできずにストレスになっているケースが後を絶ちません。

近頃は、「ひとりのほうがラク」「妥協した相手と結婚するくらいなら女同士で十分楽しい」という女性たちも増えています。これは女性だけではありません。男性の生涯未婚率は過去最高の20・1％（「国立社会保障・人口問題研究所」2010年度調べ）になるといいます。その理由のひとつに結婚して本当にしあわせそうなロールモデルの存在が少ないこともあるでしょう。

未婚の女性たちの言い分に耳を傾けると「いい男がいない」という理由以上に「政近さんだから正直にいいますけど……、結婚して女を捨てた友達を見ていると幻滅する」というのです。本当に素敵な雑誌の読者モデルのような夫婦は現実にいないと嘆きます。これはとてもシビアな問題ですね。

そこで私にひとつ提案させてください。

あなた自身が素敵な結婚生活をしてロールモデルになると決めてはどうでしょう。実は私自身、そう決めて結婚しました。実態は正直なところ、素敵……ではなかったかもしれません（笑）。子どもと泥まみれになって遊び、仕事との両立に疲れ鏡を見てうんざりということもありました。でも、それを救い、潤わせてくれたのは紛れもなく夫なのです。

表面的に「しあわせそうに見せる」「いつまでたっても若く見える」ことは実はやろうと思えばできることです。文明の利器を使って不自然なほど若く見せることも、一時的に仮面夫婦を演じることも簡単です。ですが、本当に信頼し合う夫婦の関係を築くことは、お互いにお互いを思いやることでしかできません。地道に作り上げた信頼関係は、日々のエネルギーになります。

そのエネルギーがあるから、服を着て、メイクをして、また今日もがんばろうという気持ちになる。その土台がなければ、どんなに素敵な服を着ても輝きません。美しさは結婚ですり減るものでは決してないのです。

夫婦のエネルギーがあれば女性は美しくいられる。そして、結婚はいいもの

Chapter 3
まとめ

カップルでも、仕事でも、
「男性に準ずる」が、洋服の基本。
相手を想いやり、相手のために装う「装思装愛」の精神を。

外見だけがおしゃれでも中身のない女性は飽きられる。
今求められているのは、
度胸と品格を併せ持つ「淑女」である。

男性の性格、恋愛観・結婚観も服にあらわれる。
服からその人の生き方を知れば、
パートナーとの交わり方が見えてくる。

「衣・食・住」の価値観が近ければうまくいく。
自分だけではなく「共に」人生を作っていく心構えが必要。

相手との仲を改善したければ服から。
見た目に違和感をなくし、「共有」が生まれることで
ふたりの溝はなくなっていく。

Chapter 4

運命を変える服習慣

服を買う前に
アイロンや洋服ブラシを買う

服を買いに行く前にまずはアイロンを買って、部屋にいつでもアイロンがけできるスペースを確保してください。

最近ではノンアイロンのシャツもありますが、ノンアイロンのシャツは買わないという選択もおしゃれの上達にはよいことです。パリっとしたコットンのシャツを着ると、背筋が伸びます。まずは、その気持ちよさを知ってください。

洗濯はクリーニング任せでアイロンをかけない人が増えていますが、これはもったいない話です。上手にアイロンをかけられるというのは、立派な技術。これは、頭で習得できるものではなく、習慣にしてこそ、身につくのです。上達すれば、スピーディーにもなりますね。

日常に手間が増えるようですが、自分で大切に整えた服を着ると、心にもゆとりが生まれ、不思議と着ていく先でもものごとがうまく運ぶもの。「準備万端！」と思える気持ちが、着こなしの最後の「着映え」を左右します。

アイロンと同様に必須なのは洋服ブラシ。ブラッシングすることで、ジャケットがつやつやになり型崩れしにくくなります。頻繁にクリーニングに出すよりも長持ちして、愛着も出てきますよ。また、ブラシを使って玄関先で毎日ほこりを落とすだけで、花粉を室内に持ち込むのを防ぎ、花粉症の症状が驚くほど改善する、というメリットもあります。普段なかなか洗うことができないニットやコートの毛玉予防にもなりますね。

ひと手間かけることが日々のルーティーンに入っていれば、それが日常となり、行動も「シャン」とします。人生を確実に向上させる方法のひとつは、「時間を制する」こと。ひと手間の優先順位を上げることが、結果的に日々の暮らしに豊かさと潤いをもたらすのです。

人生は準備力で決まる。「ていねいに生きる」ことは日々のひと手間から

買い物中に値段のタグはすぐ、見ない

ショッピング中、すぐに値段のタグを確認してしまう行為には、品がありません。もちろん予算もあると思いますが、デザインをちゃんと見る、素材の手触りを感じてみる、自分の体型に合っているか試着してみる、これらをせずに価格だけで買う・買わないを決めてしまう買い物の仕方では、大事なことを見落としてしまうでしょう。「予算のなかの最高」を見つける「目」が育たないのです。

フランス人が数ではなく質に重きをおいた服選びをするのは、そのほうが結局は豊かな暮らしができることを知恵として知っているからです。彼女たちは素材、サイズはもちろん、さまざまな角度からの光の当たり方、バックスタイルなど、ショウウインドウを穴が開くほど見て吟味します。自分に本当に必要なものか、価格に対して商品が妥当かどうかをしっかり考え抜いてから決めます。そこには

「安いから買おう」という考えはありません。どんなに安くても、必要ないと思えば買いませんし、自分に必要だと思えば、多少背伸びしても買います。そう考えて選んだ一着を、大切にお手入れして長く使うのです。

対して日本人は、そのような選び方の習慣が身についていません。質より量をとりがち。服をたくさん持っている人のほうがおしゃれだとも思っています。「完璧ではないけど仕方ないか」と妥協して買うことにあまり疑問も抱いていませんね。そんな思い入れで買っても、長く着られるように手入れすることもないのでしょう。ダメになったら「安かったし、しょうがないよね」と簡単に捨てるのです。

服にも魂がある。たとえば、3年前に買ったまま、一度も袖を通さずにクローゼットの隅で眠っている洋服。その洋服の「切なさ」があなたのワードローブを包みこんでしまうと、辛気臭い雰囲気を纏うことになります。

そうやって服、一着一着のことを考えてみてほしいのです。自分で選んだはずなのにないがしろにして、いつのまにか忘れている。そんな買い物を繰り返していても、服の恩恵を受けることなんてできません。大切にしたいと思うものを選び切る、と決めて買い物に出かけましょう。

いいなと思うものがあったら、すぐタグを見るよりもなぜそれがよいと思ったのかひと息入れて考えてみる。縫製や肌触りなどを確かめて、この先ずっと仲よくできそうか、ていねいに服に歩み寄ろうとしてみるのです。少し予算オーバーだったとしても歩み寄った気持ちに間違いがないと感じれば、思い切って一緒に生活することを選びましょう。その服は価格以上の効果をあなたの人生にもたらしてくれるはずなのです。

日々の服選びこそ、あなたの価値です。誰かが自分を思い出すとき、自分はどんな服装で現れるのだろうと考えたことがありますか。人の思い出のなかに存在するあなたも、必ず服は着ているのですよ。

大げさではなく、服はあなたの価値観のあらわれ

白シャツを「粋」に着る

ベーシックな色や服ほどその人自身が問われます。「何にでも合うから、これでいいや」という人は一生、シンプルな服を着こなせません。「ベーシックなものだからこそ」とハードルを上げていいものを選び抜き、日常にさらりと着る。それが粋に見えれば上級者です。

ベーシックなアイテムの真骨頂ともいえるのが白シャツ。ファッションにおいて基本となるものであり、誰もが一着は持っています。オンにもオフにも使えますが、同じ白シャツでも着る人によって印象は大きく違います。頼れる上司に見える人もいるし、まるで就活生の人もいる。抜け感を味方につけた美しいナチュラルさがある人もいるし、せっかくの白なのになぜか不潔に見える人も。その違いは「粋」か「野暮」かにあり、天と地ほどの差があります。

普遍的だからこそ多少背伸びしていても、「この白シャツが似合うようになりたい」という意志を持って選んでほしい。誰もが1枚で着るものだから勝負して上質なものを纏う、醜き脂肪とさよならしてからしか着ない、など、表にはあらわれない「やせ我慢」を強いられていると思って向き合ってほしいのです。そうして選んだ白シャツを特別ではなく、日常に着る。それが「粋」。

ため息が出るほどに白シャツを美しく着ている女性は、ちっとも迷いがなくて凛としています。これまでの苦労や葛藤もすべて身になり、その人の品格となってあらわれているのは、「やせ我慢」を続けたことへのギフト。

「野暮」で終わってしまっている人は悪い意味での〝ありのまま〟に甘えている人です。粋な人は我慢の美学をからだで覚えているもの。野暮なおばさんになるか、粋な大人になるか。筋トレと同じように、毎日意識して自分を少し追い込み続けることで鍛えられていくのです。

「粋」には我慢が隠れているからこそその美しさがある。「ありのまま」には〝良〟と〝悪〟がある

似合う「黒」を見つける。肝は素材にあり

黒はファッションにおいて欠かせない、そして語れる色です。黒こそ妥協は禁物です。着物においても色留袖より黒留袖のほうが格式高いとされますが、洋服においても「ブラックフォーマル」と呼ばれるドレスコードがあるように黒は格式の高い色。最高の格式を表現することも、格下にして相手への敬意をあらわすこともできる。その扱いは簡単ではありません。

そんな黒をただの無彩色として扱えば、黒のパワーを纏うことはできません。ココ・シャネルも「黒のアフターヌーン・ドレスは、着こなすのも、創るのもむずかしい」と語っています。大胆にも清楚にも着られる、マニッシュにもエレガントにも着られるからこそ、自分に似合う黒を探す必要がある。ここでいう「似合う」というのは、外見だけではなく自分の持ち味に似合う、行く場にふさわし

いという意味も含まれ、ひと筋縄では見つけられません。

たとえば黒を神秘的に着れば、東洋人は世界のなかでもいちばんになれるほど、洗練されていると感じます。天然の黒髪、黒い瞳を持っていることを誇りに思えることでしょう。それは、黒が東洋人の持ち味を引き出すからです。だから、ぜひとも黒は味方につけたい。

黒の表現は実に豊富です。サテンなら黒光りしますし、ジョーゼットならマットな黒になります。さまざまな素材のなか、自分の肌に合うのはどの黒か、自分を最高に見せてくれるのはどの黒か、どんなシーンで着る黒なのかを考え、選び切ってください。

グレーが混ざった墨黒は日本人にとてもよく似合います。ネックレスにオニキスを選べば、派手になり過ぎず艶やかで個性も引き立ててくれますね。こうして黒と向き合えば自然に素材に敏感になり、センスも向上するでしょう。

無難だからという理由でワードローブが真っ黒な人のお先は真っ暗

無難から脱却するには赤。実は日本人によく似合う

赤はよく、情熱的、思いが強い色といわれ、白黒はっきりさせたいさばけた性格の人にとてもよく似合います。顔立ちがはっきりした人ならより印象に残りますね。でも一見おとなしいタイプで、秘めた想いを持つ人にもマッチします。

実はファッション的には赤はとても受け入れやすい色で、激しい割には人気色。身につけると存在感を表現でき、気分も高揚します。モノトーンに赤を差し色で使うだけでコーディネートが引き締まったり、口紅を真っ赤にするだけでモードっぽく仕上がったりするものです。

特に日本人の場合、世界的に見ても国旗の赤の印象が強く、実際によく似合います。髪の毛を持って生まれた黒に戻し、赤を合わせれば、アジアンビューティーな表現でミステリアスな雰囲気に。

赤と黒の組み合わせといえば、映画『プリティ・ウーマン』で主人公のヴィヴィアン（ジュリア・ロバーツ）がオペラデートに行く際の真っ赤なドレスを着た場面。エスコートする紳士エドワード（リチャード・ギア）の黒のタキシードとのコントラストもキマって、ため息が出るほど美しいシーンですね。

髪を茶色く染めている人なら、キャメルやベージュなどとの組み合わせがおすすめ。赤は茶系カラーとも相性がよく、ヨーロッパ的に見えます。このコーディネートのポイントは、黒を使わないこと。秋の装いにもぴったりです。

面積が多いと抵抗があるなら、まずは小物から取り入れてみてはいかがでしょう。ベルト、鞄、靴、赤が入った柄のスカーフなどは比較的取り入れやすいアイテム。ひと口に赤といっても、黄みが強い朱色から、渋いワインレッドまでさまざまなので、肌なじみがよい赤を探し、赤を効果的にコーディネートしてみましょう。会う人へのサプライズになり、新たな自分を発見できるはず。

赤は自分にも見る人にもたくさんのエネルギーを与える。事実、体感温度も高くなる

体型コンプレックスは、開き直らず
ポジティブ変換で効果的に味方につける

太っている、痩せている、身長が高い、身長が低い、人それぞれ体型のコンプレックスはあると思います。誰もがそれをナーバスに捉えてしまいがち。コンプレックスを見つけはじめるときりがありませんが知的に味方につけることができれば、思いのほか、自分らしさが開花します。

たとえば、年を重ねるごとにちょっと太ってきたのが気になるという40代の会社役員の女性。体型ばかりに目がいきダイエットしよう、体型が隠せる服を着よう……という流れになるのですが、会社役員という面から考えると、多少のふくよかさを味方につければ、部下に安心感を与えられる雰囲気となります。

隠すよりは堂々とノースリーブで二の腕を出してみると案外もっさり感がなくなり、すっきりするものです。しかし、その場合足元は女性らしくキャリアを感じさせるヒールパンプスで颯爽と歩きましょう。ゆったり見える長所とは逆に、行動をシャープに心がけるのです。

開き直ってはおしまいです。こういった全体を考えたバランスで総得点を上げる作業は知的な作業。だらしない太り方は論外ですが、「痩せてからちゃんと考えます」などの言い訳ほど、げんなりするものはありませんから。

コンプレックスは、自分が輝くヒント。長所と短所は紙一重ですから、知的装力を上げるひとつの練習として、短所をよい言葉に換えていってみましょう。「しまりがないお腹＝どっしりとした存在感」「太めの二の腕＝母性的なパワー」のように変換するだけで、仕立てのよい服を選ぼうとするでしょうし、それにつれて風貌も変化します。

コンプレックスのポジティブ変換には、実は外見で周囲を納得させる力があるのです。

言い訳はせずにコンプレックスは武器に昇華させる。知的装力は人間統合力

洋服のキマりは横姿で見る。立体的なからだ作りをあきらめない

そもそも日本の女性は世界的にみて痩せ過ぎ。全体的にスレンダーになることよりも、服が似合うからだには、メリハリのほうが重要です。ただ痩せるだけでは、覇気まで消えてしまいます。

服をきれいに着たいなら、からだに立体感が出るように筋トレをすることをおすすめします。なぜなら洋服は平面ではなく立体でできているから。洋服のパターン（型紙）には、衣服に立体感を与える縫製であるダーツやタックが入っていたり、ふくらみを出すために曲線を縫い合わせる技法が用いられ、西洋人のからだにマッチするのです。教科書で見たマリー・アントワネットの横姿を思い出してください。ウエストは細くくびれ、お尻部分は大きく膨れあがっていますね。服自体に極端な立体感を出すことで美しさを際立たせていました。

対して和服は、直線と平面でできています。着崩れないように体の凹凸部分にタオルをはさむこともありますね。日本人は西洋人と比べて凹凸のないからだつきなので、着物が非常に似合うのです。

日本人は痩せて満足しても、横から見たときの立体感にかけている人が多くて残念。ただ痩せるよりも、横姿が美しくなるように意識してトレーニングしたほうが、洋服は似合うようになります。体幹を鍛えることで姿勢もよくなり、歩き方も美しくなります。そのヘルシーな雰囲気は男性からも女性からも好感度は高いでしょう。

また、「痩せたらミニスカートをはきたいです」などもよく聞きますが、そういって、自力で痩せた人はなかなかいません。今の自分の最上級を手に入れるために日々を過ごせば、体重は変わらなくとも、からだに緊張感は生まれてくるはずなのです。

洋服を着たら正面以上に横姿と後ろ姿をチェック。三面鏡の入手がおすすめ

最近増えた金属アレルギー。つけたくてもつけられない人向きのアクセサリーもある

サロンにいらっしゃるお客様には金属アレルギーで「アクササリーをつけたくてもつけられない」と悩む方も多いのですが、現代はそこであきらめなくてもよいようです。金属アレルギーは金属そのものというよりも、金属が汗などの体液によって溶け出した成分に反応して、アレルギーを引き起こします。皮膚科に行くと自分がどの金属に反応するか調べてもらえますし、金属によって起こしやすいものと起こしにくいものがありますので、参考にしてみてください。

◆アレルギーを起こしやすい……ニッケル、コバルト、銅、亜鉛、真鍮、水銀、パラジウム、錫

◆アレルギーを起こしにくい……金、銀、白銀、プラチナ、チタン、タンタル、ジルコニウム、ステンレス

金属アレルギーには個人差がありますが、私の長年の経験データによると、チタンがいちばんトラブルが少ないように思います。

冬は、タートルネックの上など肌に直接触れないつけ方もあるので、アレルギーのある方も楽しみやすいようです。夏でもアクササリーを楽しみたい人には金属アレルギーの人向けの専門ブランドもあります。「KCOOMA」「toU by THE KISS」「PILGRIM（海外ブランド）」などがおすすめ。

私が最近注目しているのは、ペーパーのアクセサリーです。素材が紙ゆえにもちろんアレルギーは起きませんし、そして軽い！　切り絵のようにカットされたデザインは美しく、金属には出せない色も豊富にあり楽しいのです。カジュアルでもモードでも、パーティーシーンにも活躍しますし、「それ何？」と好奇心を持った人たちとのコミュニケーションのきっかけにもなります。

ダメを逆手にとった新しいものへの挑戦は、現実をよくしていくことでしょう。

ダメを逆手に新しいものにチャレンジしてみよう

ボーダーとストライプ。両方の魅力を身につけてこそ、大人

ボーダーは柄のなかでも定番。夏以外でも人気のある柄です。着るだけでなんとなくおしゃれ感を出せるのですが、ワードローブのなかに柄ものはボーダーしかない、という人はストライプにも目を向けてみてほしいところ。ボーダーしかない人は全体がカジュアルに偏り過ぎなのです。性格もカジュアルを装ってしまい、ラフ感が漂うだけの人になってしまいます。ただ、本当の定番になるほど洗練されたイメージでボーダーを着こなす人のセンスは格別。カジュアルからドレスアップのスタイルまで、ほどよい個性を光らせ、一目置かれているものです。

逆にボーダーを一着も持たず、「あえて着ない」を選択している人も。「人と同じはイヤ」な気持ちが先行するひねくれ者に多く、古臭い自分のスタイルにしばられていたりします。素直に先入観を捨ててボーダーを取り入れてみれば、新し

い魅力が発見でき、見る人も新鮮です。

ラフなボーダーはカットソーでたくさん持っているけれど、ストライプのシャツは苦手、という人が多いのですが、それはとてももったいない話です。ストライプが持つ清潔感とシャープさはビジネスシーンでは効果的。ジャケットの下は決まって甘めのトップスというＯＬさんの定番を超えて、襟をスッと立てたストライプシャツを着ると、その威力は周囲に新鮮に映ることでしょう。また、カジュアルなコーディネートを少し辛口に仕上げたいときにもストライプはおすすめの柄です。

ボーダーはカジュアルの、ストライプはクールなエレガンスのスタイリングの練習にもってこいの柄。組み合わせの色でイメージを変えたり、幅の違いで自分の体型の見え方を観察したりすると、自分でも意外な発見があり、着こなしのステージを上げることにつながるのです。

ボーダーもストライプも2色以上の組み合わせになる柄。色選びで季節感を表現することもできる

自分磨きより、目の前にある靴を磨こう！

靴のかかとやヒールがすり減っている、汚れている、靴の裏のシールが貼ったまま……それがわかっているのにもかかわらず、見ないフリをして履き続けている人を結構見かけます。手入れが行き届いているなと思う人は、むしろ男性のほうに多い。女性は靴が好きという割には残念なことになっていますね。

相手の弱点に付け込むことを「足元を見る」「足元につけこむ」といいます。これは江戸時代に宿場の人が旅人の足元の汚れから疲れ具合を察知し、「汚れているということは長旅で疲れているだろう。多少宿賃を高くふっかけても泊まるはず」と、普通よりも高く宿賃を決めていたことが言葉の由来とされています。また、ヨーロッパでは靴の状態の美しさでレストランの通される席が変わります。

つまり、靴のお手入れすら怠る人に素敵な未来はないということです。

手入れには革の種類によってさまざまな方法がありますが、基本はブラッシング→クレンジング→栄養補給→磨き上げです。最初のブラッシングは汚れ落とし。柔らかい馬毛のブラシで表面のホコリをとります。次にクレンジング剤をのせたクリーナーで皮脂や汗汚れをオフ。栄養クリームで保湿して、最後にツヤ出しの豚毛のブラシ、または柔らかい布で磨き上げます。登場シーンの多いスムースレザーのパンプスはこれでＯＫ。スエードやエナメルなどは専用ブラシやクリームがあるのでそれを使ってください。

靴磨きは女性の基礎化粧のようなものです。クレンジングで表面の化粧を落とし→洗顔で皮脂をオフ→化粧水で保湿して→乳液でツヤを出す……靴だってずっと汚れたままでは気持ち悪いはず。お手入れをしなければ、衰えも早いのです。毎日行う必要はありません。平日は玄関でささっと汚れを落とし、週末には靴を磨くと決めるとよいでしょう。

靴のメンテナンスをしてくれるお店もいろいろあります。日々お手入れされていないくたびれた靴が並んでいるお店よりも、修理を待っている靴が素敵に見えるお店を選びましょう。さらに靴を大切に扱いたくなるものです。

男性からしても、一見おしゃれなのに、靴が汚れ、すり減ったヒールを見ればその女性のことを大切にしたいとは思いません。清潔感は素肌や整った歯にあらわれるように手入れが見え隠れする足元にこそ真実があらわれるもの。スニーカーだって同じです。

ネットで流行のコーディネートを見続けるより、靴磨きの情報のほうが気になってくれれば、あなたは内面から変わってきています。また、靴が傷みやすい女性の多くは歩き方に問題があります。ウォーキングのスタイルも見直して、颯爽と歩けば、美しい状態を保ちやすくなります。

靴は大切に扱えば、行きたかった場所にも導いてくれるはずです。

靴を脱ぎっぱなしにして部屋に上がらない。普段の所作がいざというときに命取りになる

服は、着られるか着こなすか。ジュエリーは、生かすか殺すか

上質なジュエリーとコスチュームジュエリー、フェイクやジャンクなアクセサリーなどをシーンによって使い分けている人を見ると、「おしゃれがよくわかっている」と思います。ジュエリーの達人とは、年齢ではなく「どう生きてきたか」が大切であることをからだで知っている人です。

服も「着る」ではなく「着こなす」ことを考え、決して服に「着られて」いません。この〝こなす〟ことができる人は本当に少ない。こなすは漢字で「熟す」と書きます。技術などを習得したうえで、それを自分の思いのままに使うことができること、自在に操ることができることです。「ただ着るだけ」と「着こなしている」は大違いなのです。

着こなすには、服そのものに加えてジュエリーの存在感をどう考えるかがとて

も重要になってきます。ココ・シャネルが本物のパールとイミテーションパールのネックレスをミックスし、何連にも重ねてつけていたというのは有名なエピソードですが、これは「富」よりも「自由」を表現し、上流階級への皮肉を込めた革命ともいえるスタイルでした（本物のパールは、上流階級の男性からプレゼントされたものだった）。

こういったジュエリー使いは、人生の場数を相当踏んできたからこそなせるワザ。それが安っぽく、品がない人に見えてしまえば、その人の魅力は死んでいるのも同然。

モードの帝王ともいわれるイヴ・サンローランは「ファッションは廃れる。だけどスタイルは永遠である」という言葉を残しています。廃れた女になるか、永遠を手に入れるかは、ジュエリーの選び方が大いに関係しているのです。人生の酸いも甘いも乗り越えて、人間として「生き切りたい」ものですね。

ジュエリー使いにはその人の人生の幅が出る

時計や本物のアクセサリーは「受け継ぐこと」を意識して買う

「受け継いでいく」ということを体感したことがある人には、深みを伴う品性があります。故ダイアナ妃の婚約指輪がキャサリン妃に贈られたことに、世界中の人たちが感動したように、受け継ぐということは、ただものをもらうということだけではありません。それまでつけていた人の物語も愛情も一緒に取り入れるということなのです。

そんな絆は決してお金で手に入るものではないかけがいのないものです。

自分には受け継いでいるものがないという人は、これから買うものにその意識を向けてみればいいのです。

いずれ命がなくなったとき、遺された人がそのものを身につけることで遺志を受け継いでいこうと思えるものがよいでしょう。そういったもので、遺された者の悲しみを癒すこともあります。

これは服だけではありません。〝母の味〟なんかもそうですね。映画化もされたエッセイ『はなちゃんのみそ汁』（文藝春秋）で、自分の死期を悟った母親が娘にみそ汁の作り方を教えます。これは「食べることは生きること」ということを伝えるための母の愛です。その愛はちゃんと伝わって受け継がれ、母親がいなくなっても娘のはなちゃんはみそ汁を作り続けています。食べることが生きることであるように、装うことも生きることなのです。

あらためて考えてみませんか。ひとつジュエリーや時計を買うときにまだ見ぬ子どもや孫のしあわせを願って選ぶなんて、とても素敵なことだと思います。子どもを持たない人生だとしても、親しかった友人などへ引き継ぐ形見分けという営みも存在します。大切な人へ自分の生きた証を「遺す」、そういった観点でものを選べば、なぜか心が豊かに満たされていくものです。

「愛伝ティティー」は引き継がれるから、「受け継ぐ」ことも視野に入れる

グラスやお茶碗を、見た目以上に「口当たり」を想像して選ぶ

おしゃれセンスに通じる食の訓練として器選びがあります。唇はからだのなかでも特に敏感な部分。生きるための食べ物を取り入れるところでもあります。その唇の感覚を重視している人は、服の肌触り、質感にも敏感。からだに着心地のよいものを知っている人のセンスは大概よいものです。

器は、「これ割れなさそうだから」と雑に選べば口当たりはまずよくありません。お茶碗なら、分厚いものを選ぶよりも、薄手の小ぶりのものを選びましょう。お米のひと粒ひと粒の輝きも違って見えることでしょう。グラスならうすはりの水を注いだときに美しく見えるもの、ティーカップなら飲み口が薄く紅茶を繊細に味わえるものを。

実はこのような行為が、食への満足につながり、腹八分目という感覚を育て、

必要以上にいやしく食べることもなくなります。

掃除が好きで料理が苦手という人にも、この器選びはおすすめです。実は、掃除、洗濯が好きで苦にならないという人に多いのが、料理は少し苦手という人なのです。ファッションの世界にもおしゃれは好きだけど手料理はほとんどしない、という貧しい考えの人がいますが、これは残念のひと言に尽きますね。

そんな人は器を揃えることからはじめてみてほしいと思います。器自体に少し凝り、美しく並べてみてください。すると、料理にだって興味が湧いてくることでしょう。切れ味のよい包丁を新調して料理を作れば、食材への感謝も生まれ、味覚や嗅覚などが敏感になっていきます。

感覚に鈍感でい続ける生活に目をつぶれば衣にも食にも雑さが残る

感覚を日々の生活のなかで鍛えることを怠ってはいけません。現代は、何でも機能面重視で選ぶことはできますが、ラクに走り過ぎては感覚が鈍ります。五感が連動していることがわかると、服選びのセンスも向上しますよ。

針金ハンガーとビニールボックスを今すぐやめる

センスはお金の使い道に出ます。たとえばハンガーラックひとつでもその〝差〟は歴然。スーパーや量販店の安物で、すぐ壊れてしまうラックを選ぶか、何年も使える業務用のシンプルなラックを選ぶか。たしかに後者のほうが値は張ります。しかし、何度も買い替えなくてもすむぶん、長い目で見れば賢い選択なのです。また、デザインも無駄がなく飽きがきません。

問題なのは「このままじゃいけない」と感じているのにもかかわらず、改善に向かって具体的な努力をしていないことにあります。「いつか、いつか」の精神の人はお金が貯まりにくい傾向にあり、目標が立てられません。せっかくがんばって上質な服を買ったのなら、その服が実力を発揮できるように、服を受け入れるクローゼットや小物の収納を整えましょう。

まず、服をかけるハンガーは針金のまま、服を入れる収納はビニールボックスでいいのでしょうか。私は針金ハンガーにかかった服を見るたび「服が痛いと泣いている」と感じます。ビニールボックスに無造作に突っ込まれた服たちは居心地悪さに悲鳴を上げているように見えるのです。

決して高価なものでなくてもよいのです。可能な範囲のなかでも、センスのいい生き方をあきらめてはいけません。

休日に泊まる旅館の気持ちよさを思い出してください。行き届いたサービスと整った部屋に通されれば心が落ち着きます。古い宿であっても美しいしつらえで、情緒さえ感じられますね。そこで過ごすひとときでリフレッシュして明日からまたがんばろうという気持ちにもなるものです。

服もそうなのです。単なる「もの」として扱わず、選択に責任を持ってください。まずは、言い訳できないハンガー1本からスタートさせてみましょう。

「いつか、いつか」の精神で、いつの間にか人生の日は暮れていく

カップ付きキャミソールを日常にしない

カップ付きキャミソールが日常、ウエストゴムのボトムが定番、コーディネートに関係なく常にペタンコ靴、という人が案外若い世代にも多いことに驚かされます。ドキドキしたり緊張したりすることが少なく、20代でもおばさん化しているのです。30代だとよりおばさん化、どころかすでにおばさんです。

「自分がラクをしたいから」という基準は、服装においてマイナスでしかありません。もちろん自分ひとりだけのリラックスした時間にラクを求めるのはよいのです。でも、他人が存在する場所に向かうとき、それが下着であっても怠慢な選択は相手に失礼、と心得ましょう。

人生の岐路に立たされたいざというときに、日ごろの自分が出るものです。女性力の欠落に歯止めがきかないほど、ラクが習慣化している女性は、女を捨てているように見えます。かといって、フェロモン全開という人も、相当怖いもの。「加減」という知恵を使いながら、美意識を低下させないことが女性力と品格を保つということでしょう。

カップ付きキャミソールやウエストゴムのボトムはあくまでも例。すべてにおいて困難を避け、ラクなほうの選択ばかりしていくと、結果的に素敵な恋を遠ざけ、本当に燃える仕事に巡り合えません。

まずは見えない下着こそ、大切にしてみてはいかがでしょうか。つけているだけでテンションが上がり、恋愛だけではなく、仕事で賭けに出るときに着る勝負下着を買う、などもいいでしょう。

他人から見えないところこそが、実は他人には見えているもの。ラクなだけよりも女性である自尊心を大切にして苦難を選ぶことも必要です。「千里の道も一歩から」ということを肝に銘じて、服装でも実践してみてくださいね。

下着は、突然倒れて救急車で運ばれても恥ずかしくないものを身につける

「返品が前提」の気持ちで通販で買い物しない

通販で気軽にポチっと買い物して、届いてみたら想像と違ったとがっかり、というのはよく聞く話。それでも「返品できる」と開き直れるのが通販です。「自分の足を使って探す」「触れて確かめて選ぶ」という買い物の基本が成り立たない通販だからこそ、失敗も多いのです。しかし、その失敗を「返品」で終わらせ、開き直らないでください。どこのシリーズは体型に合いやすい、コストパフォーマンスのよい着映えするラインナップのあるのはここ、などと学習しようとする根性を持つと、通販でもよい買い物ができるようになります。

通販でベストな商品を手に入れるために、おすすめしたい練習方法があります。まず実際のお店に出向き、いいと思った服があったとしたら、試着して着心地や着た全体像をチェック。気に入ってもすぐには買いません。次に販売員さんにその服を当ててもらいます（ジャケットくらいなら羽織ってくれる販売員さんもいますから頼んでみてもいいでしょう）。自分を客観視できない人も、他人の似合う・似合わないは判断できるもの。そして自分より販売員さんが似合っていると感じたら買ってはいけません。自分のほうが似合っていれば理由は何かと考えます。

なぜこれが、効果的な練習になるかというと、テレビでもネットでも雑誌でも、ほかの人が着たものを自分に置き換えて想像し、購入できるようになるから。自分がいいと思ったものを人が着た場合をリアルに想像でき、よし悪しまでを判断できるようになると、有効な服選びができるようになります。

通販だからこそ、選んだ一着を心待ちにするくらいに。リーズナブルさや特典ばかりに目がいき、流暢な口車に乗せられて思わずポチっとするのではなく、届くのが待ち遠しくてポチっとすることは、くだらないようでとても大切なこと。通販での無駄遣いもぐっと減りますよ。

賢く通販を利用するためには自分の着姿をリアルに想像できる練習を

ペットと暮らしながら衣服も快適に保つコツ

今や犬猫鳥などのペットと暮らしている世帯は、3世帯に1世帯といわれています（保険クリニック調べ。2015年2月26日〜3月3日実施）。

かくいう私も大の猫好き。今年1月に愛猫を亡くしましたが、14年間の日々を共に過ごしました。幼いころから実家でも猫を飼っていましたので、通算でいえば30年くらいペットと暮らしていたことになります。

家族もいる暮らしのなかで、単なるペットという存在を超えて、家族の一員となっていく動物たち。しっかりと飼育するためには、ただ溺愛するだけではいけませんね。ある程度のルールが存在するからこそ、お互いに気持ちよく生活できるのです。それは家族内だけではなく、外に対しても、です。

クリーニングに出すときは、ペットの毛は取り除いてから出すのがマナーでしょう。毛まみれで出してしまうと、一緒に運ばれるほかのお客様の衣服に毛がついてしまいます。クリーニング屋さんが無償で粘着クリーナーのようなもので取り除いてくれる場合もありますが、それもひと手間かけさせてしまっているぶん、迷惑をかけているといえます。そのことに気づいていますか。

猫の毛でいうと、静電気に吸い寄せられるのであらかじめ衣服に静電気を抑えるスプレーをするだけで、抜け毛はつきにくくなりますよ。

多くの人がペットを愛していて、ペットを受け入れやすい時代だとはいえ、嫌な思いをしている人の存在を無視してはいけません。猫の毛ひとつとっても不快な人がいるかもしれない、そう想像することも大切なのです。

同じ犬好き、猫好きのコミュニケーションは放っておいても盛り上がりますから、それ以外の人を思いやる精神が浸透すれば、もっとペットと暮らしやすい世界ができていくはずです。

猫のブラッシングと同じくらい自分の服のブラシがけもマメにしましょう

日本は雨の国。忘れてもいい傘は持たない、と決める

ビニール傘を「永遠に使う」と思って買う人はいません。突然の雨のときは便利ですが、その場しのぎで買ったビニール傘に甘んじて使い続けないことです。なぜなら日本は3〜4日に1日雨が降る国。1年の3、4割です。ちなみに日本は年間降水日数世界ランク13位ですが、傘の所持数は世界第1位です（ウェザーニューズ調べ。2014年6月15日〜18日実施）。私が暮らしていたイタリアでは、雨は降ってもスコールのように一時的なもので、すぐに乾くため傘を持ち歩く必要がほとんどありませんでした。日本は湿度が高く、江戸時代のころから雨傘が広く普及された背景もあり、傘は手放せないものとなっています。

NHKの「ドキュメント72時間」という番組で、地下鉄の忘れ物窓口にカメラを設置した回がありました（2015年1月放送「名古屋 地下鉄・聖なる夜の忘れ

物」）。私が印象に残っているのが、クリスマスイヴに熱心に傘を捜していたある男子高校生です。「特徴があるからすぐ見つかる」といっていましたが、そこは傘の山。20分ほどかけてやっと見つけたその彼は、母が買ってくれた大切なものだからと答えます。しかも1か月間ずっと探していた、と。そういう彼の笑顔は愛に溢れていました。置き去りにされ、山になったビニール傘とは対照的に、傘も喜んでいるように見えました。そして何より、彼のお母様は放送を見て微笑まれたはず。見ている私もしあわせな気持ちになりました。

彼の傘のように持ち主に返された傘もあれば、いつまでも寂しく持ち主を待つ傘もある。この放送では、カメラを回しつづけた3日間で2656点の忘れものがあり、そのうち持ち主に返されたのは263点だったそうです。傘に限らず、置き去りにしてもいいようなものをむやみに持たない心がけが大切なのではないでしょうか。

持ちものへの愛情は、見ている誰かの心を動かすこともある

プチプライス服を一着買うなら、花屋さんで花一輪をていねいに選んで買う

愛情も注げないような服やアクセサリーに囲まれていても、部屋は雑然とするばかり。ボタンが取れたままのジャケット、裾がほつれたままのボトム、擦り切れてしまったベルト、クローゼットの奥でシワシワになっているTシャツ、チェーンが絡まったままのネックレス……お客様のワードローブチェックに伺えば、このようなものがたくさん出てきます。もちろんそのつどアドバイスはしますが、何年経っても進歩がない人は割と多い。

「服は生きもの」、まずその意識を持つことです。

そういった意識なく服をぞんざいに扱ってしまう人の多くは、ついつい「安いから」という理由でテキトーに買う傾向があります。

服がたくさんあっても満足できていないのだとしたら、これ以上服を増やすよ

り、自宅に「生きもの」の存在を増やすことを試みてください。一輪の花を買って、毎日水を取り替えるなど、すぐに枯れてしまわないように工夫をし、気の利いた一輪差しでも探してみるとよいでしょう。花も生きもの。長い期間、瑞々しく保たせるには愛情を注ぐしかないのです。

これは、今日からはじめられること。プチプライスの服を「とりあえず」という気持ちで買っても、百害あって一利なしです。一向にワードローブが片付くことはないでしょう。ですが、花をていねいに選んで買えば、部屋の雰囲気はもちろん、その帰り道さえも何かが違って見えるはず。その感性はファッションにも必ず生かされます。

周囲に見えない些細なことほど、生活を豊かにし、心を充実させます。花を大切にお手入れすると花が美しく咲いて応えてくれるように、服だって大切に扱えば必ずあなたに応えて、あなたを美しく咲かせてくれるでしょう。

目に見えないところにこそ「本質」はある。
だから、些細なことほど、ていねいに真剣に行う

身の丈に合った暮らしで清らかに生きる

自分の身の丈を知る。ファッションでもとても大切なことです。

身の丈に合った装いというのは、自分のライフスタイルにマッチしているかどうか。まず、暮らしが基本にあり、生活のレベルに無理のないバランスの取れた服を着るということです。そこにはあきらめではない清らかさがあります。

身につけたものや住んでいるところに見栄を張り、自分の中身をよく見せようとする行為は、空しいうえに、長続きしません。ブランドに憧れ、身につけることは決して悪いことではないけれど、ただブランドに頼るだけの優美さの誇示は「自信がありません」という看板を背負って歩いているようなもの。憧れのブランドがあるなら、それにふさわしい人間になろうと思って身につけること。努力を惜しまない日々を続ければ、自身のステージも次第に上がってくるでしょう。

全身ブランドに身を固めていても家に帰れば1Kの狭い部屋での暮らし、格好だけは起業家だけど事務所は郵便と電話のためだけに借りた部屋、など、隠しごとが多いようでは、いずれ化けの皮ははがれます。

「身の丈」のステージを上げるには、自分自身としっかり向き合いながら誠実に一歩一歩進み、着実にランクアップするのが望ましいです。服は「清潔」を保ちながら、現状よりも半歩先の夢をかなえるようなラインナップを心がけましょう。人付き合いでは損得勘定を捨て、心から尊敬できて励まし合える人を大切にすること。そして、「自分」とは何かを流されずに考え、行動で表現することです。

「身の丈に合う」とは相応からはみ出してはいけないということではありません。服装だってときにはメリハリをつけ半歩先よりももっと高くジャンプする日があったっていい。しかし、戻れるホームにウソや見栄があるうちは高く飛べないということは心していてほしいと思います。

本当の輝きは「もっと、もっと」と喘ぐことではない。ないものねだりから、あるものの充実へ

何を着るか。服のセンスは、人生のセンス

私はパーソナルスタイリストとして一般の人にもスタイリングを提供するようになって15年、ファッション業界歴は30年です。ファッションデザイナーとしてアパレルで働いていたころ、自分が創る服をいったいどんな人が買うのかを知りたくて実際にお店で接客のサポートをしたことがあります。そこではじめて本当に求める人のリアルを知りました。私の創った服を買う人は、服が同じでも着る人によって服の見え方がまったく違ったのです。

迷わず手に取りピッタリ合う人もいれば、気に入っても似合わない人、着てみてはじめて納得する人……いろいろでした。ある女性がワンピースを試着したときのこと。着た瞬間に服が「待ってました！」とばかりに輝きを放ったのです。見ていた私の心も動きました。それは言葉では表現しがたいのですが、着た瞬間

に彼女が自分自身の明るい未来を想像して、心が前に動いたように見えたのです。実は彼女を、まったく別の場所で見かけたことがあります。彼女が暮らす街だったのでしょう。彼女の生活が確かにそこにはあって、それを感じて私はなぜか大泣きしてしまったのです。

服と共に生きる。装うことは生きること。

それを心の底から感じ取ったのです。

その後私は、イタリアに渡り、洋服の真髄を学びます。そして帰国後、パーソナルスタイリストとして2万人ものお客様を担当させていただきました。彼女になぜあのワンピースがあれほどまでに似合ったのか。パーソナルスタイリストという職業を説明するなら、その理由を導き出すプロといえるでしょう。

パーソナルスタイリストは、自分で輝く服を見つけられない人たちに冷静にその人を輝かせる服を選び、人生をよりよい方向へ「導く人」です。客観視の鬼となってサイズや色が似合うという表面的なことだけではなく、その人の希望や目標が現実的にかなう、行きたい未来に導くための効果的なもの選びをするプロです。

私のところにいらっしゃるお客様は服に悩んでいるようで、実は人生そのものに迷っています。「何かを変えたい」「新しい自分を見つけたい」……、悩みの深さはそれぞれですが、具体的にどうすればいいのかわからず、服にひっかかりを感じてサロンにいらっしゃいます。

服を着た外見には生き方や暮らしのセンスがあらわれています。どんな家で暮らし、どんなものを食べ、どんな仕事をして、どんな恋愛をし、どんな人生を歩んでいるのか。そこに迷いがあれば、服にも迷いが出てしまう。

自分探しをしているうちは自分は見つかりません。自分磨きをしているうちは誰も照らすことができません。食事、暮らし、仕事、人生……自分の足元を固めることがどれだけ大切か、たくさんのお客様から学びました。服を通じてそれに気づいた方はすばらしい未来を手に入れていらっしゃいます。

自分探しよりも目の前にあることを精一杯やってください。その先に「なぜそれを着るのか」の答えがおのずと見えてくることでしょう。

服は私。この本を読み終えたときが、自分探しから卒業するときです

Chapter 4
まとめ

アイロンを買う、靴を磨く、花を飾るといった
ていねいな暮らし方は、ファッションだけではなく
人生のセンスも向上させる。

安い、便利、とりあえずという感覚優先で
服を買うことをやめる。
買い物の満足度を自ら下げるようなもの。

黒・白・赤といったベーシックカラーを
手を抜かずに選び抜けば、シンプルながらも
素敵なコーディネートができる。

「ラクだから」という精神をもって生活しない。
望んでいる恋愛・結婚、仕事、そして人生を手に入れたいなら、
まず、その怠慢さと向き合い、改善する。

毎日の生活習慣の積み重ねが人生。
素敵な未来を送るためには習慣を変える。
服習慣は取り入れやすいぶん、明日から行動するべし。

おわりに

私にとって「装うこととはどういうことなのか」という問いを突きつけられたできごと、それが5年前の東日本大震災でした。

誰もが「生きているだけでありがたかった」と思い、おしゃれを自粛、着飾ることに罪悪感を持ったからです。予約のキャンセルも続き、新規のお客様は3か月間いらっしゃいませんでした。

でも、そんなときに救ってくれたのが、実際に東北で暮らしている顧客だったのです。

「本当は服や髪型をすっきりさせてきれいにしたい。震災で心が死んで、服装まで惨めになりたくない」

「今だからこそ心機一転して、あたらしい一歩を踏み出したい」

その気持ちがどんなに心に染みたことか。私が今までしてきたことは決して間違っていなかった。服は生きることの力になる。そう感じました。

装うことは生きること。

この世界で暮らしている限り、自宅から一歩出れば私たちはどんなときでも服を着ます。

生きていれば、つらいときだってあります。いろんな人に迷惑をかけてしまうようなミスをしてしまったり、もう立ち直れないんじゃないかってくらいの大失恋をしたり……。子どものころにいじめに合い、今もそのトラウマから抜け出せずにいる人もいます。

だけど、どれだけつらくても、朝はやってくるし、仕事に行かなくてはいけない。服を着る必要があるのです。

毎朝何を選び、どう着るか。そのちいさな選択は人生を大きく変えていく、私はそういい切ります。

つらさを外見にまでかもし出してしまって鏡に映った自分を見てまた落ち込むよりも、外見くらいは自己肯定して、無理やりさっそうとする自分を演出したほうが、立ち直りも早い。こういった服の選び方や着方を知っていれば、人生はとても生きやすいのです。

この本には、主にアラサー・アラフォーの女性が、悩み、迷い、不安に思っていることを、服から解決する方法を書きました。ちょうどジャストな年代である編集の庄司さん、弊社スタッフの西畑、両人のリアルな意見は大いに参考になりました。構想2年。戦友のように共に作り上げた本が、服を通じて「あなた自分と向き合うこと」のきっかけになれば、こんなにうれしいことはありません。

どうか、ひとりでも多くの女性が、服を味方につけて、自分に自信を持ち、いきいきとした毎日が送れますように、心から願っています。

２０１６年９月　政近準子

政近準子
まさちか・じゅんこ

パーソナルスタイリスト創始者。ファッションレスキュー代表取締役社長。パーソナルスタイリストプロ育成校「PSJ」学院長。

1965年、広島県生まれ。大手アパレル企業でデザイナーとして勤めたのち25歳でイタリアへ渡り、ファッションの真髄を学ぶ。帰国して、2001年「ファッションレスキュー」を創業。日本初となる個人向けスタイリングサービスを開始する。タレント、政治家、会社社長、起業家などの富裕層のほか、主婦やOLなども多く顧客に持ち、これまでのべ2万人をスタイリングする。

NHK「あさイチ」「助けて!きわめびと」「TOKYO FASHION EXPRESS」、日本テレビ系「スッキリ!!」、テレビ東京系「ワールドビジネスサテライト」などに出演するなど、各メディアで活躍中。2016年3月より故郷の地方紙、中国新聞にて「いい日、いい服」連載開始。

著書に『「似合う」の法則』『「好き」を超えたら「似合う」がある』(以上集英社)、『人生は服、次第。』(宝島社)、『一流の男の勝てる服、二流の男の負ける服』(かんき出版)ほか多数。

プライベートでは、1992年に結婚。ふたりの子を持つ母(22歳の息子と19歳の娘)でもある。

ファッションレスキュー 公式サイト
http://fashion-rescue.com/

政近準子 公式ブログ
http://ameblo.jp/jmasachika/

政近準子 Facebook
https://www.facebook.com/junkomasachika

［参考文献］

『広岡浅子の生涯 ～豊富な写真資料でたどる激動の人生 (別冊宝島)』(宝島社)
『ココ・シャネル 女を磨く言葉 (PHP文庫)』髙野てるみ(PHP研究所)
DVD「プリティ・ウーマン 特別版」(ブエナ・ビスタ・ホーム・エンターテイメント)
http://www.thebowesmuseum.org.uk/(ボウズ博物館公式ホームページ「Yves Saint Laurent:Style is Eternal」記事より)

服は、あなた。

2016年10月10日 初版第1刷発行

著者
政近準子

発行者
滝口直樹

発行所
株式会社マイナビ出版
〒101-0003 東京都千代田区一ツ橋2-6-3 一ツ橋ビル2F
Tel. 0480-38-6872(注文専用ダイヤル)
Tel. 03-3556-2731(販売)
Tel. 03-3556-2736(編集)
E-mail：pc-books@mynavi.jp
URL：http://book.mynavi.jp

印刷・製本
シナノ印刷株式会社

ISBN 978-4-8399-5756-8 C2076 Printed in Japan